职业教育"十三五"改革创新规划教材

汽车售后服务接待

彭鹏峰 主 编
吕小勇 副主编

清华大学出版社
北京

内 容 简 介

本书面向汽车售后服务人员中的服务顾问岗位，是在对一汽丰田、上海大众、一汽红旗、力帆等多个品牌4S店服务顾问岗位进行广泛调研的基础上编写的。本书根据服务顾问岗位工作内容和能力要求选取内容，首先让读者对汽车售后服务市场和服务顾问岗位有个全面的认识，然后介绍服务顾问日常接待客户的工作流程以及要做好售后服务接待所需的其他业务知识。

本书包括4个学习单元共计17个学习任务，主要内容有认识汽车售后服务接待、汽车售后服务接待流程、汽车保养和质保、客户关系的经营与管理。

本书内容精练、实用，可操作性强，适用于一体化教学，可作为高职院校汽车技术服务与营销、汽车检测与维修技术等专业的教材，也可作为服务顾问的培训用书。

本书封面贴有清华大学出版社防伪标签，无标签者不得销售。
版权所有，侵权必究。举报：010-62782989，beiqinquan@tup.tsinghua.edu.cn。

图书在版编目(CIP)数据

汽车售后服务接待/彭鹏峰主编．—北京：清华大学出版社，2018(2022.12重印)
（职业教育"十三五"改革创新规划教材）
ISBN 978-7-302-49306-8

Ⅰ．①汽… Ⅱ．①彭… Ⅲ．①汽车－售后服务－职业教育－教材 Ⅳ．①F407.471.5

中国版本图书馆CIP数据核字(2018)第004558号

责任编辑：孟毅新
封面设计：张京京
责任校对：袁 芳
责任印制：宋 林

出版发行：清华大学出版社
网　　址：http://www.tup.com.cn, http://www.wqbook.com
地　　址：北京清华大学学研大厦A座　　　邮　编：100084
社 总 机：010-83470000　　　　　　　　邮　购：010-62786544
投稿与读者服务：010-62776969, c-service@tup.tsinghua.edu.cn
质量反馈：010-62772015, zhiliang@tup.tsinghua.edu.cn

印 装 者：北京嘉实印刷有限公司
经　　销：全国新华书店
开　　本：185mm×260mm　　印　张：9.75　　字　数：223千字
版　　次：2018年8月第1版　　　　　　　印　次：2022年12月第6次印刷
定　　价：28.00元

产品编号：074563-01

FOREWORD 前言

当前我国汽车工业蓬勃发展,连续多年产销量超过 2000 万辆,汽车的保有量不断攀升,截至 2016 年年底,全国汽车保有量达 1.9 亿辆。与一般消费品不同,汽车购买后离不开日常保养、维修、美容等服务。庞大的汽车保有量带动了汽车售后服务市场的快速发展,需要大量专业的售后服务人员。

本书面向汽车售后服务人员中的服务顾问岗位,是在对一汽丰田、上海大众、一汽红旗、力帆等多个品牌 4S 店服务顾问岗位进行广泛调研的基础上编写的,是广东省一流高职院校建设计划教学改革成果。本书根据服务顾问的岗位工作内容和能力要求选取内容,首先让读者对汽车售后服务市场和服务顾问岗位有个全面的认识,然后介绍服务顾问日常接待客户的工作流程以及要做好售后服务接待所需的其他业务知识。

本书在文字表述上简明扼要、通俗易懂,尽可能多地采用插图,以求直观形象,读者容易理解和接受。在内容上,立足于企业,根据岗位实际工作需要选取内容,实用性强,可以让读者尽快掌握服务顾问岗位的相关服务技能。

本书的参考学时为 60 学时,其中实训环节为 26 学时,各单元参考学时如下。

单元	课程内容	学时分配	
		讲授	实训
单元一	认识汽车售后服务接待	6	2
单元二	汽车售后服务接待流程	14	16
单元三	汽车保养和质保	8	6
单元四	客户关系的经营与管理	6	2
总 计		34	26

本书由广东工贸职业技术学院彭鹏峰担任主编,吕小勇担任副主编。单元一～单元三和附录由彭鹏峰编写,单元四由吕小勇编写。本书在编写过程中得到了赵文龙、宋宝珍、郑为民、刘艳萍的帮助,也参考了汽车厂家和国内大量同行的文献,在此一并表示感谢。

由于编者水平有限、经验不足,书中难免存在不足之处,敬请广大读者批评、指正。编者 E-mail:42831576@qq.com。

编 者
2018 年 6 月

目录

CONTENTS

单元一 认识汽车售后服务接待 …… 1

    任务一 走进汽车售后服务 …… 1
        一、汽车售后服务的内容 …… 1
        二、汽车售后市场的发展趋势 …… 5
        三、汽车售后市场的渠道模式 …… 7
        四、汽车售后服务的重要性 …… 9
        五、汽车售后服务理念 …… 10

    任务二 认识服务顾问 …… 12
        一、4S店人员构成与岗位职责 …… 12
        二、服务顾问的作用 …… 14
        三、服务顾问能力要求 …… 15
        四、服务顾问职业道德规范 …… 16

    任务三 服务顾问礼仪规范 …… 17
        一、仪容仪表规范 …… 18
        二、仪态仪姿规范 …… 20
        三、基本社交礼仪规范 …… 23
        四、用语规范 …… 26

    单元小结 …… 28

单元二 汽车售后服务接待流程 …… 29

    任务一 预约 …… 29
        一、预约的好处 …… 30
        二、预约方式和预约类型 …… 30

三、电话礼仪 ··· 31
四、主动预约 ··· 32
五、受理预约 ··· 37

任务二 接待 ··· 42
一、接待工作流程 ·· 42
二、具体步骤及工作要求 ··· 43

任务三 诊断 ··· 46
一、诊断工作流程 ·· 46
二、具体步骤及工作要求 ··· 47

任务四 制单 ··· 53
一、制单的目的 ··· 53
二、制单的工作流程 ··· 54
三、具体步骤及工作要求 ··· 54
四、制单工作的执行技巧 ··· 57
五、制单工作中常见问题的应答话术 ·· 58

任务五 车辆维修 ··· 60
一、车间派工 ··· 60
二、车辆维修施工 ·· 62
三、车辆维修期间服务顾问的工作内容 ··· 64
四、常用话术 ··· 65

任务六 维修质量检验 ··· 69
一、维修质量检验的目的 ··· 69
二、维修质量检验工作流程 ·· 69
三、具体步骤及工作要求 ··· 69
四、维修质量检验的关键行为 ··· 71

任务七 交车 ··· 72
一、交车工作流程 ·· 72
二、具体步骤及工作要求 ··· 73
三、车辆交付话术 ·· 75

任务八 客户回访 ··· 78
一、客户回访的目的 ··· 78
二、回访的方式和对象 ·· 78
三、客户回访流程及工作要求 ··· 79
四、客户回访注意事项 ·· 83
五、客户回访话术 ·· 83

任务九 汽车售后服务接待综合实训 ·· 86

  一、实训目的 …………………………………………………………… 86
  二、实训工具、仪器及设备 …………………………………………… 86
  三、资讯收集 …………………………………………………………… 86
  四、实训内容 …………………………………………………………… 87
  五、评分标准 …………………………………………………………… 87
 单元小结 …………………………………………………………………… 89

单元三 汽车保养和质保 ………………………………………………… 90

 任务一 汽车定期保养和维护 …………………………………………… 90
  一、概述 ………………………………………………………………… 90
  二、室内检查 …………………………………………………………… 91
  三、车身检查 …………………………………………………………… 95
  四、发动机室的检查 …………………………………………………… 96
  五、底盘的检查 ……………………………………………………… 101
  六、总结 ……………………………………………………………… 106
 任务二 汽车质保与索赔 ……………………………………………… 109
  一、汽车质保政策 …………………………………………………… 109
  二、汽车三包规定 …………………………………………………… 112
  三、索赔 ……………………………………………………………… 116
 单元小结 ………………………………………………………………… 118

单元四 客户关系的经营与管理 ………………………………………… 119

 任务一 客户关系管理概述 …………………………………………… 119
  一、客户关系管理的起源与发展 …………………………………… 119
  二、客户关系管理的核心思想 ……………………………………… 120
  三、客户关系管理的意义 …………………………………………… 120
  四、客户关系管理的目标 …………………………………………… 120
  五、客户关系管理的目标实现方法 ………………………………… 121
 任务二 客户满意度管理 ……………………………………………… 123
  一、客户满意度概念和特性 ………………………………………… 123
  二、影响汽车售后服务客户满意的因素 …………………………… 123
  三、提高客户满意度的措施 ………………………………………… 124
 任务三 客户投诉处理 ………………………………………………… 126
  一、正确看待客户投诉 ……………………………………………… 126
  二、客户投诉处理原则 ……………………………………………… 128
  三、客户投诉处理步骤 ……………………………………………… 129

四、客户投诉处理技巧与禁忌 …………………………………………………… 131
五、客户投诉处理案例 ……………………………………………………………… 134
单元小结 ……………………………………………………………………………… 136
参考文献 ………………………………………………………………………………… 138
附录一　服务顾问用语规范和行为规范 ………………………………………… 139
附录二　售后服务常见问题应答话术 …………………………………………… 142

单元一

认识汽车售后服务接待

随着经济的发展和生活水平的提高,人们对汽车服务的需求越来越高。汽车维修企业为满足客户需求,提高企业的竞争力,纷纷在企业内开展顾问式服务,设置服务顾问这一岗位。经过几年的发展,服务顾问已逐步成为汽车维修企业经营管理中一个十分重要的岗位。服务顾问是否专业已成为衡量汽车维修企业好坏的标准之一,汽车制造厂商也将服务顾问作为企业营销战略的一个重要组成部分。通过本单元的学习,你将对汽车售后服务有一个清晰的认识,对服务顾问这个岗位有深入的了解,更好地为就业做准备。

任务一 走进汽车售后服务

学习目标

(1) 了解我国汽车售后市场的发展趋势。
(2) 能够描述汽车售后服务的概念和内容。
(3) 熟记汽车售后服务理念,树立正确的服务观。

汽车售后服务是指汽车销售以后,围绕汽车使用过程中的各种服务,它涵盖了消费者买车后所需要的一切服务。也就是说,汽车从售出到报废的过程中,围绕汽车售后使用环节中各种后续需要和服务而产生的一系列交易活动的总称。

一、汽车售后服务的内容

汽车售后服务分为广义和狭义两种。狭义的汽车售后服务主要是指汽车维修服务企业为汽车使用者提供汽车购买后的使用服务,包括维修保养、美容装饰、故障检修、零部件供应、保险理赔和二手车交易等服务。广义的汽车售后服务还包括因汽车而衍生出的一些服务,如汽车租赁、汽车俱乐部、汽车文化、汽车用品等。

1. 汽车维修保养服务

汽车具有科技含量高、技术复杂、使用环境变化大、意外损坏情况多等特点,维修费用在其使用成本中所占的比例大大高于其他商品在使用过程中所需的维修费用的比例。这样就客观要求一定的维修服务来恢复其损坏或失去的功能。汽车在行驶一定里程后,还需要进行许多保养工作,如定期检查、调整、紧固各系统和部件、更换润滑油、清洁等,以确保车辆上各系统和部件在高速运行时的安全性、可靠性、稳定性,切实保证乘员的安全。汽车售后服务的一个趋势是从修理转向定期维护,注重对用户的技术培训和技术咨询。"七分养,三分修",以养代修的爱车新理念逐步被广大有车族所接受。

2. 汽车美容装饰服务

随着人民生活水平的提高和消费观念的转变,汽车已经作为大众化消费品进入百姓生活,汽车的款式、性能以及汽车的整洁程度,无一不体现出车主的性格、修养、生活观和喜好。让自己的座驾看起来干净漂亮、用起来风光舒适,成为绝大多数车主的用车目标。通过汽车装饰与美容可以达到这一目标。许多消费者在购买汽车后,都要花费不少的金钱来按照自己的喜好对车辆进行美容改装或购买汽车饰品进行装饰。

汽车美容装饰服务可以分为汽车美容和汽车装饰两部分。汽车美容是对汽车各部位通过采用一定的手段进行养护,以达到改善性能、美化外观、延长使用寿命的目的。常见的汽车美容项目有车身清洗、空调清洗、内饰清洗、打蜡、封釉、抛光、车身改色贴膜、真皮座椅养护、底盘装甲等项目,图 1-1 所示为车身打蜡。汽车装饰是指在原厂车的基础上通过加装、改装或更新车上装备和物品,以提高汽车的美观性和安全性的行为。其主要项目有全车贴膜、加装晴雨挡、挡泥板、防撞胶条、铺地垫、铺地胶、座椅包真皮、汽车隔音,加装 DVD、GPS 导航系统等车载电气与信息设备、安全和报警装置等项目。图 1-2 所示为座椅加装座椅套,图 1-3 所示为玻璃贴防爆膜。

图 1-1 车身打蜡

图 1-2 安装座椅套

汽车美容装饰业起源于美国、英国等西方工业发达国家,几乎与中高档轿车的产生同步出现。到 20 世纪 40 年代,汽车美容装饰业日益壮大并逐步形成规模,70 年代后期得到了迅猛发展,在这一时期,汽车美容装饰业开始走向亚洲,到 80 年代,汽车美容装饰业在全球已发展成为一支不可忽视的产业大军。1999 年全美汽车美容装饰业年产值已超过 2647 亿美元。从中不难看出,汽车美容装饰业蕴含着巨大的商机。因此,汽车美容装

图1-3 玻璃贴防爆膜

饰业号称21世纪世界上最具市场潜力的黄金产业。

与发达国家相比,我国的汽车美容装饰业起步较晚,直到20世纪90年代初才出现,此时的汽车美容也只不过是车辆清洁、手工涂蜡等简单初级的美容服务。而到了21世纪初,汽车美容装饰业受到日本市场的影响,大量的日本产品及服务理念进入中国,汽车美容装饰业初步形成差异化、专项化的服务概念。随着我国汽车保有量的不断增长,汽车美容装饰市场将迎来巨大的发展空间。

3. 汽车配件供应服务

在汽车维修与保养中,汽车零部件的销售供应服务是主要内容之一,4S店的业务本身就包括汽车配件供应。此外,快修连锁店、汽配市场等也都有提供零部件的销售供应服务。

汽车配件大致分为原厂件和副厂件两类。原厂件是指由汽车生产厂家授权委托厂商生产的配件,这些配件可以打上整车的标志,并在整车厂服务渠道供应。4S店一般提供的是原厂件,零部件的质量有保障,但是价格较高。副厂件是指没有得到厂家授权许可的企业所生产的配件,它不仅在商标、标识、包装上有别于原厂件,在价格上更有很大的优势。副厂件的生产企业必须是正规厂家,有自己的品牌,有一定的质量保证,能够对自己产品的质量负责。汽修厂提供的基本上是副厂件,其价格比4S店低得多。比如,在4S店更换普通的保险杠,零件价格1200元,加上喷漆、工时等费用高达2000元。到汽修厂只需600元就可以全部做好。

4. 二手车交易服务

科学技术的迅猛发展,新材料、新工艺、新设计理念的不断出现以及人们对时尚的无止境追求,使得具备更多功能、更安全、更经济、更舒适和更环保的车型不断推出,每款车的生命周期都在缩短,汽车的无形磨损在加快。另外,随着大众生活水平的提高,消费观念和消费方式的转变以及消费需求的多层次化,人民多样化的汽车消费需求必将大规模出现。据统计,目前只有30%的车主倾向于将新购买的汽车一直使用到报废,而70%的新车所有者表示将在使用一段时间后将其转让,再购买一款新车。

我国的二手车市场从20世纪90年代起步,从无到有、从小到大,只用了很短的时间就发展到今天较为可观的规模。据国家商务部的资料显示,从1998年《旧机动车交易管理办法》发布至2009年,我国二手车交易量以平均高于25%的年增长速度递增。随着我国汽车保有量的不断增加,新车的不断推出,汽车价格也在不断下降,二手车的交易量将会越来越大。2016年上半年全国二手车交易量477.4万辆。

二手车服务包括二手车鉴定评估、二手车经销、二手车经纪、二手车拍卖、二手车置换等服务。当前,除了4S店和二手车交易市场外,提供二手车服务的还有很多新兴的电商,如优信二手车、人人车、瓜子二手车、二手车之家等,如图1-4所示。

图1-4　二手车电商

5. 汽车金融

汽车金融服务包括汽车分期付款、汽车融资租赁、汽车保险等。

在中国,汽车金融尚处萌芽阶段,而在国外,汽车金融公司早已在多年的市场考验下成熟壮大,发达国家的贷款购车的客户比例平均都在70%左右。

近年来,中国汽车消费市场的蓬勃发展为汽车金融服务培育了广阔的发展空间。中国汽车工业协会数据显示,2016年我国汽车产销量再创历史新高,分别达到2811.88万辆和2802.82万辆,同比分别增长14.46%和13.65%。而且随着"80后""90后"逐步成为消费主力,大众消费观念正在发生悄然改变,中国年轻一代不仅喜欢消费,更喜欢超前消费,尽管汽车金融在国内的发展时间并不长,但消费者对其接受程度较高。汽车金融无疑成为汽车产业链利润的新增长点。

目前,开展汽车金融业务的机构主要有四类:一是商业银行,如平安银行、中国银行;二是汽车金融公司,如上汽通用汽车金融公司、大众汽车金融公司;三是融资租赁公司,如神州租车、一嗨租车;四是互联网汽车金融公司,如汽车之家作为股东方的上海有车有家融资租赁公司、滴滴成立的众富融资租赁公司等。

6. 汽车俱乐部服务

汽车俱乐部包括品牌汽车俱乐部、车迷俱乐部、维修俱乐部、越野俱乐部、救援俱乐部等多种形式。汽车俱乐部聚集了来自不同地区、有相同爱好的车迷朋友,俱乐部为他们相互学习、交流技艺、互相帮助提供了一个平台,大大地丰富了会员的生活。近年来,我国国内的汽车俱乐部已经形成了遍地开花的发展态势。大家在不经意间忽然发现身边的人都拥有了汽车,汽车逐渐成为人们之间交流的载体。虽然不同的人购买了不同的车,但对于某一车型、某一品牌来说却拥有了一批同样选择的车主。有人说"车如其人",也许就是因为这一点。拥有同一车型、同一爱好的人们就自然而然地凝聚成了一个又一个的汽车俱乐部,车主之间的关系通过俱乐部的"联姻"变得更加亲近。可以说,汽车俱乐部是现代社会中年轻人的又一个摩登聚会。图 1-5 所示为福特汽车俱乐部简介。

> 福特公司设有福特汽车俱乐部。俱乐部为会员提供路边救助（修理、加油、牵引、赔付）、开车锁、预订折扣饭店和机票、租车优惠、旅游指南等服务。俱乐部还有一个"悬赏抓贼"（Theftreward）的项目。如果会员的车辆被偷，俱乐部会出资悬赏5000美元搜集破案线索。会员分为一般会员（Basic Membership）和至尊会员（Premium Membership），两种会员的年费不等，一部分如饭店和飞机航班折扣、租车优惠、旅游指南、"悬赏抓贼"之类的服务只有至尊会员才能享受。

图 1-5 福特汽车俱乐部简介

7. 汽车文化生活服务

汽车文化服务主要涉及汽车报刊、汽车影视、汽车书籍、汽车体育、汽车文艺、汽车知识等方面的内容，为车迷、汽车业内人士及其他关注汽车产业发展的人们提供文化生活服务。当前，普通大众、新闻媒体、赛车队、生产厂家在各个不同方面对汽车文化事业进行了前所未有的关注，中国的汽车消费开始从实物型消费转向文化型消费，逐渐崛起的汽车文化理念正在带动国内一大批相关行业的发展。很多门户网站和视频网站都有专门的汽车栏目，提供各类汽车相关的视频，如图 1-6 所示的优酷汽车频道。图 1-7 所示为汽车类专业书籍。

图 1-6 优酷汽车频道

汽车生活主要是为车主提供汽车郊游、汽车交友、汽车野营等服务。汽车服务不再仅仅局限于为消费者提供方便，而是在传统意义上加入快乐消费、安全消费和文化消费等内容。车主买的不仅仅是交通工具，而是一种可以无限延伸的生活，让汽车成为办公室、家庭、宾馆之后的第四个工作与生活场所。

二、汽车售后市场的发展趋势

自 2009 年以来，中国已经超过美国，成为乘用车新车销售量世界第一大市场，大量的新增车辆带来了汽车保有量的飙升。截至 2015 年年底，中国乘用车保有量已达 1.36 亿辆，仅次于美国，居世界第二位，预计 2020 年将达 2 亿辆。与此同时，乘用车保有量的平均年限也将从 2015 年的 4.2 年上升到 2020 年的 4.8 年。随着乘用车保有量及平均年限的迅速增长，售后市场的发展也备受关注。中国乘用车后市场规模已经从 2012 年的 470 亿元人民币增长到 2015 年的 770 亿元人民币，预计到 2020 年规模将翻一番，达到 1600 亿元人民币，售后市场发展空间巨大。

图1-7 汽车类专业书籍

当前,我国汽车售后市场的发展呈现出以下趋势。

1. 市场规模正呈现爆发式增长

2009年爆发式增长的新车在今后几年将完全进入售后市场,配件、服务需求强劲,而4S体系过去5年增长乏力,满足每年新增的2000万的增量已经力不从心。一线城市限购限行限外迁等政策导致北上广等城市的二手车价格下跌,一二线城市新车多,4S体系强大,而三四五线城市市场老旧车型将不断增多,车主购买保险意愿低,保养不及时,维修力量薄弱,售后市场在这里有很多创新机会。此外,高档车市场份额在增加,这类车主消费慷慨,专修此类车型的商业机会不容错过。大量涌现的报废车使得零部件再制造产业商机提前出现。

2. 保养维护比修理重要

当前,汽车的电子系统越来越复杂,虽然可能导致故障率增加,但更重要的是,主机厂借助车载ECU和传感器,可以预先判断故障,这会降低非正常故障的发生率。

保养和维修的智能化、个性化会改变现有的4S服务模式,但前提是厂商愿意迈出这一步。与此同时,由于车辆正越来越像一个会跑的电脑,这使得它发生故障的概率在增加,智能化、及时的维修服务变得重要。车主对车联网系统的软件服务要求、频率,可能高于对车辆本身的服务要求,大量的抱怨可能由此而来,主机厂需要为此做好准备。

3. 互联网以及移动互联网向售后市场加速渗透

过去10年,中国售后市场车间里最大的变化是增加了更多高科技诊断设备,比如车载ECU诊断仪、四轮定位仪、专用示波器、专用电表、尾气检测仪等,4S体系普遍已经具备电子配件目录、网络化维修资料、智能诊断系统,一些厂商已经具备了远程诊断系统。

随着移动互联网的爆发,车主对线上服务咨询、询价、发现最优服务商的需求在增长,这使得很多风险投资开始向后市场的O2O投资。主机厂、汽车门户和垂直网站、中小创业者都已经在尝试建立自己的O2O网站,试图建立配件商、服务商、车主的B2B2C平台,由于服务的非标准化,这类平台会受限于区域,短期内恐怕都难见全国性的成功范例。

4. 借助互联网的服务连锁将挑战 4S 连锁体系

随着新车销售势头放缓，主机厂的 4S 店扩张也遇到瓶颈，盈利能力下滑困扰着大多数 4S 店。由于配件供给受制于厂商，4S 店的盈利目标必须定位高端用户群，这部分用户的品牌敏感度很高。虽然售后服务可能会为 4S 店贡献 50% 以上的利润，但如果未来不走向互联网，4S 店的售后基本无力进行服务品牌营销。但互联网在客户、服务商、竞价等领域可以发挥资源集约化优势，这使得困扰售后市场的众多问题有可能得到解决。由于质保期外的汽车存量已经大于新车和质保期内车辆，而这部分车辆的服务需求更强，互联网连锁服务体系一旦成功，有可能逆转 5% 的 4S 店获得 50% 的后市场服务利润的现状。

5. 商用车和专业车服务外包需求将越发显著

过去 10 年，出租车、商用车车队、公务用车等非私家车的服务是以垄断性的定点维修或者集团采购方式完成的，由于供需双方地位不对等，或者由于公务车由政府或者机构买单，使得这部分的服务利润极高而公众并不知晓，创业者难以参与竞争。但随着整个社会对公平、透明的要求增高，专业的服务机构会更好地满足这类专业车队的需求。与此同时，随着物流卡车车队规模扩大，共享汽车、租车公司规模扩张，都会使服务于这类专业车队的机构有全新的商业机会。

6. 零部件企业后市场业务从 B2B 转向 B2C

过去 10 年，由于新车市场高速增长，国内的零部件企业几乎都开足马力为主机厂提供 OEM 产品，对后市场采取了传统 B2B 零部件销售模式，由于批发商的存在，零部件生产企业对终端用户的需求一无所知，这就给了一些无缘 OEM 的零部件小厂生产"高仿"件的机会。比如途观一上市，就有零部件公司高价买来一辆拿回去拆解，仿制出齐全的附件和配件，比主机厂更迅速地进行市场铺货。哪款车型热销，这类小型零部件公司就会购车拆解仿制，能否在市场上买到某款车的高仿附件已经成为判断一款车热销与否的指标。

随着近年来新车增速放缓，主机厂开始追求后市场客户满意度和利润，对于零部件商而言就意味着 OEM 利润降低。比如主机厂接受更多的客户索赔要求从而提高客户满意度、主机厂大幅压低售后配件采购价格等。不甘受制于主机厂的一些跨国零部件公司已经开始关注 B2C 和零售终端。知名零部件厂商通过新品牌、电商、自建终端等模式进入后市场的 B2C 领域，将深刻改变现有的汽车后市场格局，随着更多后市场人才加盟这类零部件企业的 B2C 团队，其带来的深远影响将逐步显现。

三、汽车售后市场的渠道模式

目前，我国汽车售后市场呈现多种业态模式并存共生的局面，主要有以下几类渠道模式：4S 店、品牌快修连锁店、综合性修理厂、特约维修厂、汽配城和路边店。不同的模式有不同的客户群体，都有相应的优势和不足。但随着市场的发展变化，经过逐步变化的 4S 店和品牌快修连锁店是两大主要渠道。

1. 4S 店模式

从 1999 年开始在中国兴起到现在，在 4S 店买车修车已经成为享受高质量服务的代名词。另外，4S 店有着巨大客户群。随着汽车市场的发展，4S 店的数量也在急剧上升，在北京、上海、广州、深圳这样的大城市,每座城市4S店达到300家左右,而且数量还在上升。每个4S店每月的汽车保有量达到1000～2000辆。可以说目前的4S店售后服务市场仍极具潜力。

4S店的优势主要表现在以下几个方面。

(1) 信誉度方面。4S店有一系列的客户投诉、意见、索赔的管理系统,给车主留下良好的印象,4S店将是他们的第一选择。

(2) 品牌优势。由于汽车属于高档消费品,消费者对汽车的保养维修要求较高,他们比较注重汽车服务的品牌,一般倾向于选择知名度大的服务品牌维护与保养汽车。

(3) 专业技术优势。4S店往往有强大的汽车厂家作为后盾,因而4S店只为某一种品牌的汽车提供服务。由于有了厂家的技术支持和专业培训,4S店的维修人员对本品牌的汽车维修技术比较精通,对汽车的型号、技术参数、性能更加了解,更加专业。而普通的维修店铺虽然对不同品牌的汽车都略有了解,但是针对某一种品牌却很难做到精通。在维修技术的精通方面,4S店的优势显而易见。

(4) 售后保障。面对激烈的市场竞争,各家4S店都把品牌的建立当作提高企业核心竞争力的手段之一。越来越多的4S店更加注重售后服务质量的保障,由于有汽车厂家的支持,4S店在维修、配件等方面的售后服务可以得到保障。特别是汽车电路或者线路的改装,如DVD机的改装等。对于一些技术含量高的改装,4S店能够对改装后的质量保障做出承诺,这方面的优势使4S店成为车主进行汽车技术改装的首选,这是普通汽修店无法做到的。

(5) 人性化服务。相对于普通的维修店,4S店的环境优美、舒适,有专门的休息室,有饮料、小点心供应,有报纸、杂志供翻阅,服务人员态度亲切,服务周到,方便、快捷的一条龙服务流程,让客户真正感受到"上帝"的幸福。

但是,随着汽车消费者消费观念的逐渐成熟,4S店的弊端日益明显。最突出的一点是维修保养价格过高、便利性不足。这使得很多消费者在质保期结束后不再选择在4S店进行维修保养。

在以前的很长一段时间内,4S店一直垄断着新车的售后维修保养服务,靠车辆技术参数、信息的不公开以及售后必须在4S店进行否则不予三包的政策保持高额的利润。但是,随着法律法规的完善,这种垄断现象被打破。

《反垄断法》《汽车维修技术信息公开实施管理办法》中规定了主机厂必须向维修企业和独立经营者公开汽车维修信息,鼓励原厂配件自由流通及同质配件社会化流通、厂家和4S店不得以在三包期限内使用非授权配件为理由拒绝、不得以不在官方授权店保养为由拒绝给车辆质保等要求,这不仅使得4S店在维修技术、配件方面的优势减弱,而且不能再绑住消费者了,消费者可以自由选择修车点。

2. 品牌快修连锁店模式

品牌快修连锁作为新兴的售后服务模式,近年来得到了高速发展,其业务集中在快修、保养和通用件的更换,主要满足消费者对便利性和专业性的要求。据统计,总体上有53.3%的用户在过了保修期后会选择在快修连锁店进行售后维修和保养,继续留在4S店的比例只有33.9%。由此看来,快修连锁模式未来将有很大的发展空间,是现有4S模式的强有力的竞争者和补充。

品牌快修连锁店模式初现中国是在1998年,NAPA化身"蓝霸"杀入北京市场。随后,德国博世、荷兰壳牌等快修连锁品牌纷纷抢滩中国。目前市场上的主流快修连锁品牌大多为汽车零部件下属维修品牌及部分独立维修品牌。从整体市场来看,全国性并具有一定品牌优势的独立连锁维修品牌仍然非常少。

(1) 汽车零部件下属维修品牌。汽车零部件供应商,如博世、米其林、海拉、德尔福等都在中国设立了下属快修连锁品牌。博世采用单独切入维修保养后市场的方式,建立了以中心站、维修站和快修站为主要单元的维修体系,通过收编汽修厂和发展直营店,博世已经在中国发展了600余家汽车维修连锁店,博世汽车快修连锁店如图1-8所示。米其林作为中国汽车后市场第一家推出汽车服务特许加盟连锁概念的品牌,一直占据着快修领域最大的市场份额,目前米其林快修店已达近1000家,米其林快修连锁店如图1-9所示。从总体而言,目前这些品牌尚在整合和定位阶段,还未形成非常成功的案例,主要原因包括零部件供应相对单一,合作品牌原厂采购需求难以形成规模效应,加盟商的管理成本高等。

图1-8 博世汽车快修连锁店

图1-9 米其林快修连锁店

(2) 独立连锁品牌。独立连锁品牌普遍较小。其中,小拇指为进入市场较早且具备一定规模的连锁企业,目前拥有700多家加盟店和6家直营店。小拇指从汽车钣喷快修和美容保养切入汽车售后市场,通过有效的加盟商管理实现稳定扩张,但与国外成熟的业务模式相比,其业务覆盖范围仍相对简单。近年来,陆续有整车厂宣布进入独立维修市场,如上汽集团2014年成立快修快保连锁门店、上汽通用2016年设立独立销售快修连锁品牌"车工坊"等。

品牌快修连锁店具有价位低、便利、专业等特点。因为品牌快修连锁店只做快修业务,所以对场地面积要求不高,大多选择距城市中心较近的地方,节省车主时间。相对于4S店,连锁店投资较小,经营成本也要小,所以针对同样的维修保养项目,收费要低得多。品牌快修连锁店都具备很强的品牌意识,无论是在配件的选择和施工流程的规范上都有较严格的要求。

四、汽车售后服务的重要性

1. 做好汽车售后服务是提升核心市场竞争力的有力武器

汽车售后服务市场的竞争并不逊色于汽车销售市场,从某种程度上来说,良好的售后服务更能提高汽车的使用寿命，因而汽车企业提高售后服务质量可以提升市场核心竞争力。以丰田为例，其企业制造理念为"做用户还没想到的"，丰田企业针对其售后服务提出了四项要求，即亲切、落实、迅速、合理，并要求全部经销商都必须达到相关标准，其售后服务最大特色便是人性化服务，因此获得众多消费者的青睐。

2. 做好汽车售后服务是确保产品质量和客户权益的重要保障

大多数客户对汽车专业知识了解并不全面。当消费者在使用汽车出现问题时，售后服务员便能够起到很好的调解作用，指导客户如何正确使用，进行科学保养，同时为其提供耐心细致的咨询服务，是确保用户权益、提升企业产品质量的重要渠道。

3. 做好汽车售后服务是获得更多客户资源的有效途径

当前，人们的物质、精神需求都日益增长，因而汽车企业要想实现长远发展，必须要注重从物质和精神等多方面来满足客户需求。比如，在售后服务上注重营造舒适、优雅的服务氛围，提高售后服务流程的合理性与和谐度，不仅要确保售后服务质量，同时还要让客户享受舒适的服务态度和服务环境，满足客户物质和精神两方面需求，进而有效提高客户满意度，赢得更多客户资源。

五、汽车售后服务理念

理念是精神信念，也是行为规范，是企业文化的重要组成部分，是运营管理的宏观方向。汽车售后服务企业的经营目标在于发展客户、维护客户和培养客户，为达到此目标，需要售后服务人员具备以下的服务理念。

1. "客户满意"理念

客户是企业最大的投资者，坚持客户第一的原则是市场经济的本质要求。汽车售后服务的经营目的是为社会大众服务，为客户服务，不断满足各个层次车主的需求。

企业以追求经济效益为最终目的，如何才能实现自己的利润目标，从根本上讲必须满足客户的需求、愿望和利益，才能获得企业自身所需的利润。客户满意可以为企业创造价值，企业经营活动的每一个环节都必须眼里有客户，心中有客户，全心全意为客户服务，随时为客户服务，最大限度让客户满意。这样才能在激烈的市场竞争中获得持久的发展。

2. "客户总是对的"理念

树立"客户总是对的"理念，是建立良好客户关系的关键所在。在处理客户抱怨时，这是必须遵循的黄金准则。"没有客户的错，只有自己的错"尽管不一定符合客观实际，然而在企业与客户这种特定的关系中，只要客户的错不会构成企业的重大经济损失，就要将"对"让给客户，得理也让人。"客户总是对的"并不意味着事实上客户的绝对正确，而是意味着客户得到了绝对的尊重。客户品尝到"上帝"滋味的时候，就是企业提升知名度、信誉度，拥有更多的忠诚客户、更大的市场、更大发展的时候。

"客户总是对的"，这是对员工服务行为的一种要求。必须要求企业员工遵行三条原则。

（1）站在客户角度考虑问题。

（2）应设法消除客户的抱怨和不满，不应把对产品或服务有意见的客户看成讨厌的人。

(3) 切忌同客户发生任何争吵,企业绝不会是胜利者,只会是失败者。因为失去客户,也就意味着失去信誉和利润。

3. 争取拥有常客

常客是企业长期稳定发展的基础,是企业的基本客户队伍。常客使企业的经营成本降低,因为发展一个新买主的成本远远高于留住常客的费用。常客源于客户,如果提供良好的服务,便会使更多的客户成为常客。售后服务人员应经常与客户保持联系,向他们表示感谢,在他们再次光临之前,向他们表示自己并没有忘记他们。

常用保持和发展常客的方法如下。

(1) 通过消费累计积分奖励计划,鼓励经常惠顾。

(2) 建立一个统计分析系统,分析常客的增加、流失情况,对每流失一位常客都要进行分析,寻找原因。

(3) 为常客建立一个特别的档案,或常客会员俱乐部,以便进行跟踪服务。

学习测试

一、填空题

1. 做好_____是获得更多客户资源的有效途径。

2. 汽车售后服务是指汽车销售以后,围绕汽车使用过程中的各种服务,它涵盖了消费者买车后所需要的一切服务,包括_____、_____、_____、_____和_____二手车交易等。

3. "_____养,_____修"的爱车新理念逐步被广大有车族所接受。

4. 随着市场的发展变化,经过逐步变化的4S店和_____是我国汽车售后服务两大主要渠道。

5. 树立_____的理念,是建立良好客户关系的关键所在。在处理客户抱怨时,这是必须遵循的黄金准则。

二、选择题

1. 我国第一家汽车金融公司是( )。
   A. 丰田汽车金融公司 B. 上海通用汽车金融公司
   C. 福特汽车金融公司 D. 上海大众汽车金融公司

2. ( )号称21世纪世界最具市场潜力的黄金产业。
   A. 汽车金融业 B. 二手车服务业
   C. 汽车美容装饰业 D. 配件市场

3. 以下( )不属于4S店的优势。
   A. 配件质量有保障 B. 价格低 C. 专业 D. 服务好

三、简答题

1. 简述我国汽车售后市场的发展趋势。
2. 汽车售后服务包括哪些内容?

3. 请通过网络查询后介绍米其林快修连锁店的情况。
4. 汽车售后服务的理念有哪些？

任务二　认识服务顾问

(1) 了解4S店的人员构成情况。
(2) 正确认识服务顾问岗位的作用，熟记岗位工作职责。
(3) 了解服务顾问的能力要求，熟记服务顾问的职业道德规范。

在《汽车整车维修企业开业条件》（GB/T 16739—2004）国家标准中，将汽车维修业务接待员作为一个必须具备的岗位提出，以期提高汽车维修行业的整体服务水平。汽车维修业务接待岗位的设立，充分体现了汽车维修企业的经营管理规范化程度。企业通常把汽车维修业务接待员称为维修顾问或服务顾问，简称SA，如图1-10所示。

图1-10　服务顾问

一、4S店人员构成与岗位职责

人们买车，首先想到去汽车4S店。4S店除销售车辆外，还集成零配件供应、售后服务、信息反馈等功能。其中，主要的收入来源于售后服务。4S店通常设有销售部、售后服务部、客户关系部、财务部和行政部等部门，其人员架构情况如图1-11所示。

售后服务部的主管领导是售后经理，其下有前台主管、车间主任和零件主管三个分管领导，而前台主管负责的服务部又设有服务顾问、索赔员等岗位。服务顾问未来的晋升岗位是前台主管、售后经理，以下为这三个岗位的工作职责。

1. 服务顾问的工作职责

(1) 严格按照售后服务接待流程的要求开展工作。
(2) 及时热忱地接待客户，按照"一对一"的服务原则，对其所负责的客户群进行全程服务，为客户处理其在用车过程中所有服务需求，并提供专业方面咨询。
(3) 为客户提供个性化服务，传递特约店及主机厂的服务宗旨。
(4) 对所接待的客户负责，及时联系客户，耐心解答客户的疑问。
(5) 积极主动地推行预约服务制度。
(6) 严格遵循主机厂索赔政策进行索赔操作。
(7) 负责客户群的回访。
(8) 每日管理和分析客户档案，与客户进行联系以保持良好的客户关系。

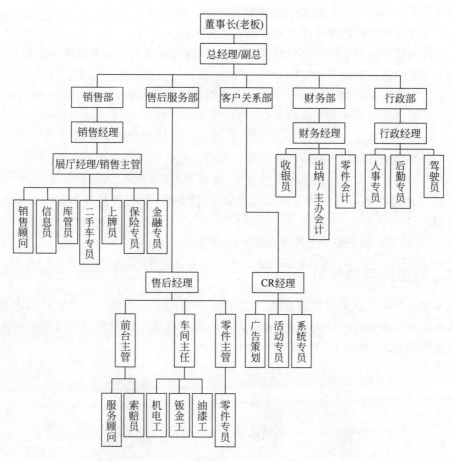

图 1-11　4S 店人员架构

（9）观察客户的满意度,处理客户抱怨和投诉。

2. 前台主管的工作职责

（1）监督、指导服务顾问、索赔员的具体工作。
（2）对服务顾问、索赔员及紧急救援人员进行考核。
（3）保证索赔体系严格按主机厂索赔政策正常运作。
（4）负责处理重大客户投诉。
（5）严格按照主机厂特约店运作标准的相关要求开展工作。
（6）制定、实现维修业务目标,并分解到本部门员工的工作指标中。
（7）领导和激励下属员工,使所有员工的思维和行动都以客户为中心。
（8）负责本部门员工的绩效评估、岗位调整,制订培训计划和激励措施。
（9）做好业务统计分析工作,定期按时填写反馈给主机厂及特约店所要求的各种报表。

3. 售后经理的工作职责

（1）严格按照主机厂特约店管理文件要求,制定相应的特约店工作章程,并使特约店的各项工作及目标与主机厂的相关要求保持高度一致。

（2）主管特约店的内部各项业务及对外业务开拓。

（3）作为特约店与主机厂之间的联络人，贯彻并实现主机厂的售后服务宗旨。

（4）领导和激励下属员工，使所有员工的思维和行动都以客户为中心。

（5）制定维修业务、配件销售目标，并分解到员工的工作目标中。

（6）负责接待和处理重大客户投诉。

（7）对客户满意度的改进进行总体协调，保证CSI成绩的稳步提高。

（8）组织协调各部门主机厂所布置或委托进行的各项特殊工作或活动。

（9）贯彻并组织实施主机厂发布的规定、规程和制度。

（10）负责售后服务部门员工的绩效评估、岗位调整，制订人员培训计划及后备人员储备计划。

（11）负责售后服务整个工作流程的不断优化。

二、服务顾问的作用

汽车售后服务是提高客户满意度、增加汽车销售服务企业利润的重要环节。服务顾问作为汽车售后服务部门的岗位之一，负责客户的接待和车辆维修、保养，是所有汽车维修活动的沟通核心（见图1-12），其重要性不言而喻。

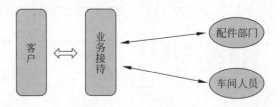

图1-12 服务顾问的"桥梁"作用

服务顾问是企业的"窗口"，代表企业的形象。从客户进厂至离厂整个过程都是由服务顾问接待。服务顾问是客户进厂见到的第一人，也是和客户接触时间最多最长的一个人，还可能是客户在维修服务中心唯一接触到的人。客户接受服务时，往往把服务顾问服务质量的高低作为衡量企业形象好坏的标准。在客户印象中，服务顾问的语言、举止、待人接物、服务水平等，就是企业的形象。

服务顾问是企业与客户之间沟通的桥梁，协调双方利益，增加双方的信任度，从而凝聚广大客户，提高企业的经济效益。企业与客户之间的经营互动，是通过服务顾问来实现的。服务顾问承担双重角色，就企业而言，服务顾问代表客户运用企业的资源按照客户需求实施经营；对客户而言，服务顾问代表企业的服务品质，在客户心目中建立一份信任感，进而将这份信任转换为客户对企业的信任，最终将这份客户的信任变成企业的经济效益。

服务顾问又可带动协调各个管理环节，有利于提高工作效率，影响企业的效益。因为维修工作质量的好坏，车辆能否一次性修复，在很大程度上取决于服务顾问的服务工作质量。服务顾问善于倾听客户的要求，对车辆故障现象的准确叙述，并以书面形式将这一信息转达给车间技术人员,是保证维修质量的前提。据资料统计,造成车辆返修的所有原因中,约60%与服务顾问的服务质量有关。

三、服务顾问能力要求

作为一名服务顾问,应具备汽车专业知识、良好的沟通能力和抗压能力以及一定的计算机操作技能。

1. 熟悉汽车专业知识

服务顾问应熟悉汽车结构与原理知识、常见故障知识、汽车零配件知识、车辆保险及理赔知识、汽车保修政策等专业知识。

由于服务顾问在业务接待时需对车辆进行初步检查、故障诊断并进行维修报价,所以必须清楚车辆的构造和使用性能,才能有效地为客户做出正确的引导。根据客户对故障的描述,准确、全面地记录故障现象,让车间技术人员可以及时快速地找出问题点所在。如果服务顾问对车辆的相关知识不够熟悉,则很可能导致在车辆的故障出诊和报价环节出现偏差,严重的甚至会导致维修施工和客户的要求不符。

车辆在使用过程中碰擦难以避免,各个维修企业为了更好地服务客户,对客户车辆出险后都提供保险理赔协办服务。服务顾问接待的客户中有很大一部分是进行保险理赔的,因此服务顾问还应熟悉车辆保险理赔知识。

服务顾问在给客户确定维修项目及维修报价时,需清楚维修所用的零配件名称、种类、库存情况、价格等,因此服务顾问也应熟悉零配件知识。

车辆在质保期内出现故障,客户首先想到的是到4S店让厂家给我免费修车。接待此类客户,服务顾问应能够根据故障的具体情况确定是否符合索赔条件、是否可以给予保修,并按照厂家的索赔流程处理业务。因此,服务顾问也应熟悉汽车保修政策。

2. 良好的沟通能力和抗压能力

服务顾问的主要工作内容是与客户打交道,每天面对的是客户,具备良好的沟通能力是做好服务顾问这项工作的要点之一。服务顾问接待客户时,首先要认真倾听客户的诉求,通过询问去了解客户的问题,收集好客户的相关信息,并及时反馈。在这样的交谈中,必须具备良好的语言沟通能力。在与客户对话的过程中,要懂得一定的对话技巧。首先,在交谈时,对于客户的不同意见要表现出友好的态度。然后,认真听完客户的问题或者需求,确认好客户的陈述。可以使用清晰简短的句子去传递信息。

服务顾问要应付各种各样的客户,面对众多的问题而要你去解决的时候,你总会觉得压力很大。这就要求服务顾问要有很好的抗压能力。如何保持一个清晰的头脑,有条不紊地处理客户问题,这就要看你怎么去应付工作所带来的压力。

3. 一定的计算机操作技能

如今的计算机操作技能是每个人所要具备的基础性工作技能之一。由于服务顾问需要收集客户的相关信息并及时反馈,建立客户的档案和客户车辆档案等这些工作都需要用到计算机。因此服务顾问必须有较好的计算机应用能力,能够简单快捷地使用计算机。

四、服务顾问职业道德规范

服务顾问职业道德规范是在汽车维修职业道德的指导下,结合服务顾问的工作特性形成的,是指服务顾问进行汽车维修业务接待过程中必须遵循的道德标准和行为准则。

服务顾问职业道德规范可归纳为:真诚待客、服务周到、收费合理、保证质量。

1. 真诚待客

真诚待客是指服务顾问以主动、热情、耐心的态度对待客户,做到认真聆听客户的述说,耐心回答客户提出的问题,设身处地理解客户的期望与要求,最大限度地与客户达成共识。

客户到企业来,无论是修车、选购零配件或是咨询有关事宜,归纳起来无非有两个要求:一是对物质的要求,希望能得到满意的商品;二是对精神的要求,希望他的到来能被人重视,能得到热情的接待。如果服务顾问真的是按"真诚待客"的要求接待了他,那么对他的欢迎、尊重和关注,都会打动他,服务顾问的谈吐举止及服务热情会给他留下既深刻又美好的印象。客户精神上得到满足和对服务顾问的好感,以及内心感到服务顾问可亲可信,还会延伸到客户对这家企业产生好感与信任。真诚待客做得好,也给客户在下一步与企业要进行的经营活动开了个好头。

对待新客户是这样,对待老客户更要维护好已经形成的良好关系,不要因为已经熟识了而怠慢他。服务顾问出色的工作,虽已给老客户留下良好印象,但他们仍在随时地考察服务顾问及企业。如果服务顾问对他们变得冷淡了,他们会马上做出反应,认为服务顾问对待他们的态度前后不一致,进而认为对他们是虚伪的、不诚实的,是在利用他们;从行动上,他们会向一些客户宣传不利于企业形象的言论。因此,做好真诚待客,无论是新客户还是老客户,都同等对待,做到前后一致、亲疏一致,是非常重要的。

2. 服务周到

服务周到是指在修前、修中和修后向客户提供全方位的优质服务。

在修前,应认真聆听客户的述说和需求,记录车辆的故障信息,向客户详细介绍维修内容、交车时间和收费明细。

在修中,应了解施工进度,督促维修部门按时完工。如发现不能按时完工,要及早通知客户,说明因由。如果需要增加维修项目,要耐心、详细地向客户说明,同时要征得客户认可。

在修后,应送别客户,并对客户的光临表示感谢。

3. 收费合理

服务顾问应严格按照维修工单上登记的维修项目内容进行收费,不能为了达到多收费的目的擅自修改修理范围和内容,更不能偷工减料,以次充好。不能乱报工时、不高估报价,不小题大做。

4. 保证质量

保证质量主要是指保证修车的质量。修车过程中各工序要严格按照技术要求和操作规程进行生产;使用的零部件规格、性能符合规定的标准;按规定的程序严格进行检验与测试；汽车故障完全排除、丧失的功能得到恢复等。

汽车维修质量是修车客户最关心的问题。修车质量好，客户满意，其他存在的一些小争议、小问题也会变得无所谓，常常是客户刚才还在为一些小问题喋喋不休，当看到他的爱车修得很好，就高兴了，对什么事都不介意了。由此可见，保证质量是实现客户利益之必需，也是企业继续在市场竞争中取得优势之必需。

 学习测试

一、填空题

(1) 作为一名服务顾问，应具备_____、_____和一定的计算机操作技能。

(2) 服务顾问的职业道德规范可归纳为：_____、_____、_____收费合理和_____。

(3) 服务顾问是企业的_____，代表企业的形象。客户接受服务时，往往把服务顾问作为衡量企业形象好坏的标准。

二、选择题

1．以下(　　)项工作不是服务顾问的工作职责。
　　A．严格按照售后服务接待流程的要求开展工作
　　B．对所接待的客户负责，及时联系和耐心解答客户的疑问
　　C．积极主动地推行预约服务制度
　　D．负责处理重大客户投诉

2．服务顾问属于(　　)的人员。
　　A．销售部
　　B．客户关系部
　　C．售后服务部
　　D．行政部

三、简答题

1．简述服务顾问的重要性。
2．你将来会选择在服务顾问这个岗位工作吗？为什么？
3．请结合调研描述一下你认为的汽车服务顾问的职位晋升路径和晋升条件。

任务三　服务顾问礼仪规范

学习目标

(1) 明确服务顾问个人形象礼仪和社交礼仪的各项要求。
(2) 能够正确规范地运用礼仪到工作中。

礼仪是人类社会生活中在语言、行为方面的一种约定俗成的符合礼的精神,要求每个社会成员共同遵守的准则和规范。礼是表示敬意的通称,是表示尊敬的语言或动作;仪则表示准则、仪式、风度等。礼仪即礼节和仪式的总称。礼仪就是以最恰当的方式表达对他人的尊重。

子曰:人无礼,无以立。中国自古以来就是一个重视礼仪的国度,礼仪是一个人是否有道德的基本评价标准。一个人有礼仪就可以被重用,就能成大事,就能受人尊敬,就能成为别人的榜样。在现实社会中,你是否有礼仪,就反映了你是否能更好地立足于社会,能否得到更好的发展。

汽车服务行业注重服务顾问与客户之间良好的人际互动,服务顾问在客户面前所展现的仪容仪态、言谈举止,以及对客户的尊重、体贴和友善程度,决定了留给客户的第一印象,更是决定客户是否接受该维修企业的重要因素。所以,在给客户提供服务时,不仅需要专业的知识,良好的礼仪更是不可或缺的。

下面介绍服务顾问的仪容仪表、仪姿仪态等个人形象礼仪和称呼、介绍、名片、客户接待等基本社交礼仪以及用语规范。

一、仪容仪表规范

仪容仪表一般指人的外表、形象,包括头发、面部、手部和着装。

1. 头发要求

服务顾问应经常理发、洗发,不彩染,不弄怪异的发型,保持头发无头屑、无异味。男士头发前不覆盖额头,侧发不遮盖耳朵,后发不触领。女士头发不过于个性化,不遮盖面部,发型以干练利索为佳,刘海切忌遮挡眉眼。图1-13所示为男、女发型示范。

图1-13 男、女发型示范

2. 面部要求

服务顾问面部应干净整洁,牙齿清洁、口腔无异味,但是切忌当着客人面嚼口香糖。男士不能留胡须,女士应淡妆上岗,色彩以暖色调为主,眼影眼线唇膏不宜过浓,香水清新淡雅,如图1-14所示。

3. 手部要求

服务顾问应保持双手清洁,干燥季节每天早餐或洗手后擦涂润肤霜,保持手部滋润。

图 1-14　男、女面部要求

指甲前端白色部分不得超过 1mm,每天早晨检查,及时修剪。指甲缝隙保持干净无脏污,每天早晨检查,及时用牙签清洁指甲缝。女士可以涂透明或无色的指甲油。图 1-15 所示为男、女手部要求示范。

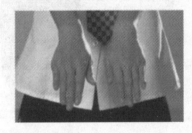 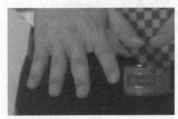

图 1-15　男、女手部要求

4. 着装要求

(1) 男士西装礼仪

穿西装时注意整体装扮,讲究搭配合理、色调和谐,强调整体美。遵循三色原则:全身颜色限制在三种之内,如图 1-16 所示。遵守三一定律:鞋子、腰带、公文包颜色要统一协调(黑色优先)。使用腰带要注意,腰带上不挂任何物件。

穿西装可以不扣上纽扣,但当在正式场合扣上纽扣时,最下面一粒纽扣不能扣上。系领带时,衬衫第一粒纽扣必须扣上;不系领带时,衬衫第一粒纽扣必须打开。穿西装必须穿皮鞋,穿便鞋、布鞋和旅游鞋都不合适。西装的任何一只口袋都要少放物品,不能塞得鼓鼓囊囊的,显得不平挺。

(2) 女士套装礼仪

裙长要及膝或在膝盖上方 3～6cm 处,不能过长或过短;裤子要保持平整、烫出裤线。衬衫颜色宜选白色或不鲜艳的单色,无图案,款式保守。搭配西装的长袖衬衫下摆掖入裙内或裤内,衣扣要全部扣好,不允许随便脱掉上衣。图 1-17 所示为套裙搭配示范。

图 1-16　西装搭配示范

穿裙子应当搭配长筒袜子或连裤袜。袜子应为单色,肉色为首选,还可选黑色、浅灰、浅棕。不可在公共场合整理自己的长筒袜子,袜子口不能露出,否则会很失礼。最好随身携带一双备用,以防袜子出现破洞、挂丝现象。

鞋子以黑色皮鞋为首选,建议鞋跟高 3~4cm。不宜穿凉鞋、运动鞋或露脚趾的鞋。鞋的颜色应当和西装一致或再深一些。

佩饰最好少而精。耳环和项链力求精致、样式简单,避免过于花哨。

(3) 服务顾问着装礼仪

对于服务顾问而言,应按岗位规定着装,正确佩戴标牌,保持服装干净、熨烫,纽扣无缺少,如图 1-18 所示。

图 1-17　套裙搭配示范

图 1-18　标准着装

二、仪态仪姿规范

仪态仪姿是指人在行为中表现的姿势与风度,包括站姿、坐姿、蹲姿、行姿和表情。

1. 站姿

女士正确的站姿是抬头、两眼平视、挺胸直腰、微收下颌、收腹,双腿并拢直立,脚尖分呈 V 字形,身体重心放到两脚中间,手自然下垂或将双手合起(右手搭在左手前端)放在腹前,如图 1-19 所示。男士除保持正确的站姿外,两脚应分开,与肩同宽,双手自然下垂贴近腿部或交叉于身后。切记双手不要环抱胸前,不要叉腰,不要手插衣袋。图 1-20 所示为男、女不雅站姿。

当下列人员走来时应起立。

(1) 客户或客人。

(2) 上级和职位比自己高的人。

(3) 与自己平级的女员工。

站姿训练方法如下。

(1) 五点靠墙法。靠墙站立,后脑勺、双肩、臀部、小腿及脚后跟都紧贴墙壁。

(2) 两人一组,背靠背站立。

注意事项:不可站立时面无表情。

图 1-19　男、女标准站姿　　　　　　图 1-20　男、女不雅站姿

2. 坐姿

女士基本坐姿是上身正直稍前倾，微收下颌，头平正，两手交叠后放在腿上，两腿、双脚并拢。也可以两腿并拢，两脚交叉，置于一侧，脚尖朝向地面，如图 1-21 所示。男士基本坐姿是上身挺直、胸部挺起，两肩放松、脖子挺直，下颌微收，双目平视，双腿垂直，双膝分开，不超肩宽或座椅三分之二，两手分别放在双膝上。

图 1-21　女士基本坐姿

与客户谈话时，不要将一只脚跷到另一只脚上。切勿双手置于脑后，做状似伸懒腰的不雅动作。在正常情况下，人体重心要垂直向下，腰部挺起，上身要直，不要给人以"瘫倒在椅子上"的感觉。图 1-22 所示为不规范的坐姿。如需搬动椅子，应尽量不要发出响声，并且落座要协调，声音轻，切忌猛起猛坐。

图 1-22　不规范的坐姿

3. 蹲姿

下蹲时一脚在前，一脚在后，两腿向下蹲，前脚全着地，小腿基本垂直于地面，后脚脚跟提起，脚尖着地。上身尽量保持正直，前腿支撑身体。女性应靠紧双腿，下蹲时侧对客户；男性则可适度地将其分开。图1-23所示为男、女标准的下蹲姿势。

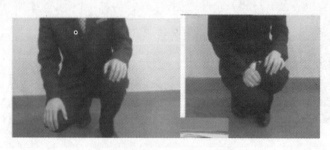

图1-23 蹲姿示范

4. 行姿

规范的行姿是行走时面带微笑，微收下颌，目视前方，腰背挺直，步态平稳，重心前倾，手臂伸直放松、前后自然摆动，行走线迹成直线，步幅不宜过大，步速不宜过快，如图1-24所示。一般是男士108～110步/分钟，女士118～120步/分钟。行走时，切忌左顾右盼、摇晃身体、低头无神、手插口袋。

5. 表情

在为客户提供服务时，要始终保持微笑，眼睛应注视对方讲话，不可眼视他方。在行进时遇到客户，必须面带微笑，稍微点头示意，注视对方，切勿迅速将头转向他方。

微笑是一种国际礼仪，能充分体现一个人的热情、修养和魅力。微笑是最美的语言，用你的微笑去迎接每一个人，那么你就会成为最受欢迎的人。如果你希望别人喜欢你的话，请遵守一条规则：微笑。

微笑的基本要求是真诚友好，大方自然，发自内心，嘴角上翘，如图1-25所示。

图1-24 行姿示范

图1-25 微笑示范

迷人的笑容来自刻苦的训练，在日常生活中要勤加训练。微笑训练方法（见图1-26）：第一步，试着对镜子说"E……"。第二步，轻轻浅笑减弱"E……"的程度。重复练习以上两个动作。

图 1-26 微笑训练方法

三、基本社交礼仪规范

1. 称呼礼仪

依照惯例有以下几种称呼。

(1) 称呼行政职务：×主任、×院长。

(2) 称呼技术职称：李总工程师、王会计师。

(3) 称呼行业称呼：解放军同志、警察先生、护士小姐。

(4) 泛指尊称：如小姐、夫人、先生、同志等。

2. 介绍礼仪

(1) 介绍自己——推介自己

先向对方点头致意，得到回应后再进行。举止庄重大方，表情亲切友善，面带微笑，充满自信。简洁说明自己的姓名、单位名称和职务。

(2) 介绍他人——为他人架起沟通的桥梁

介绍时掌心朝上，手掌五指并拢，指尖向上，指向被介绍人，被介绍者应面向对方，如图1-27所示。介绍完毕后与对方握手问候，如："您好！很高兴认识您！"介绍时一般应站立，但在宴会或会谈桌上可以不起立，微笑点头示意即可。

介绍他人时应注意先后次序，遵循"尊者优先了解情况"的原则。即在介绍前，先要确定双方地位的尊卑，然后先介绍位卑者，后介绍位尊者，使位尊者优先了解位卑者的情况。具体顺序是把男子介绍给女子、年轻的介绍给年长的、低职位的介绍给高职位的、公司同事介绍给客户、本国同事介绍给外籍同事，即先男后女、先少后老、先低后高、先主后宾。

注意：会谈中途遇到上司到来，应当立即起立，将上级介绍给客人，并向上级简单介绍会谈内容，然后重新会谈。

3. 握手礼仪

握手时的姿态是面带微笑、目视对方、适时问候，间距1m左右，如图1-28所示。一

图 1-27 介绍他人

图 1-28 握手姿态

般关系,一握即放;格外尊重和亲密用双手。

通常先打招呼,后握手致意。握手的原则是尊者优先,也就是尊者先伸出手。男女之间,女士先;长幼之间,长者先;上下级之间,上级先,下级屈前相握;迎接客人,主人先;送走客人,客人先。注意:待客户先主动伸出手,售后服务人员再相迎握手!

以下几点为握手的禁忌:交叉握手;握手当时与第三者说话或者目视他人;握手摆动幅度太大;戴手套握手或手不清洁握手,如图 1-29 所示。

(a) 交叉握手

(b) 与第三者说话(目视他人)

(c) 摆动幅度过大

(d) 戴手套或手不清洁

图 1-29 握手的禁忌

4. 名片礼仪

名片应存放于容易拿出的地方,随手可取,不要将它与杂物混在一起,以免要用时手忙脚乱,甚至拿不出来。若穿西装,宜将名片置于左上方口袋;若有手提包,可放于包内伸手可得的部位。不要把名片放在皮夹内,工作证内,甚至裤袋内,这是一种很失礼貌的行为。另外,不要把别人的名片与自己的名片放在一起,否则,一旦慌乱中误将他人的名片当作自己的名片送给对方,这是非常糟糕的。

递送名片时,应面带微笑,稍欠身,注视对方,将名片正对着对方,用双手的拇指和食指分别持握名片上端的两角送给对方,如图1-30所示。如果是坐着的,应当起立或欠身递送,递送时可以说一些:"我是××,这是我的名片,请笑纳。""我的名片,请你收下。""这是我的名片,请多关照。"之类的客气话。在递名片时,切忌目光游移或漫不经心。出示名片还应把握好时机。当初次相识,自我介绍或别人为你介绍时可出示名片;当双方谈得较融洽,表示愿意建立联系时就应出示名片;当双方告辞时,可顺手取出自己的名片递给对方,以示愿意结识对方并希望能再次相见,这样可加深对方对你的印象。

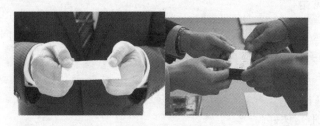

图1-30 递送和接受名片礼仪

名片的递送先后虽说没有太严格的礼仪讲究,但是,也有一定的顺序。一般是地位低的人先向地位高的人递送,男性先向女性递送。当对方不止一人,可以按照职位由高到低的顺序。如果对方人多又不知职位,可以采用由近到远的顺序,如果是在一个圆桌可以采用顺时针方向。

接受名片时,应尽快起身或欠身,面带微笑,用双手的拇指和食指接住名片的下方两角,如图1-30所示,态度也要毕恭毕敬,使对方感到你对名片很感兴趣,接到名片时要认真地看一下,可以说:"谢谢!""能得到您的名片,真是十分荣幸"等。然后郑重地放入自己的口袋、名片夹或其他稳妥的地方。切忌接过对方的名片一眼不看就随手放在一边,也不要在手中随意玩弄,否则会伤害对方的自尊,影响彼此的交往。

若同时交换名片,则右手递出名片、左手接受名片。

5. 客户接待礼仪

(1) 迎接客户下车

五步目迎,三步问候,快步走到客户车门边。客户下车时,一手拉车门,一手挡住车门上框,防止客户磕碰。不要挡在客户下车路线上。客户下车后,为客户轻轻关上车门。若是雨天,需为客户撑伞。

(2) 与客户同行

服务顾问陪同客户同行时,一般靠左行。行走时,遇到客户,应自然注视对方,主动点头致意或问好;放慢步速,以示礼让客户先行。若有急事需越前先走,应表示歉意。

(3) 与客户交谈

与客户交谈时,应组织好话术,具有激情,调节语音语调。多用敬语如:"您""请""谢谢""对不起""再见"等。不应喋喋不休,不抢客户话头,不连续发问,不随意解释不熟的现象,不强调与主题无关的细节,不随便改变客户有兴趣的话题,不要人身攻击,不用贬称;要插入讲话,应先讲:"对不起,打断一下可以吗?"

(4) 引导客户

引领时,身体稍侧向客人,走在客人左前方1~2步位置,并与客人的步伐一致。

拐弯、楼梯使用手势,并提醒"这边请""注意楼梯"。引导的手势是五指并拢,手心向上与胸齐,以肘为轴向外转。

(5) 送别客户

送别客户的原则是低层送到大门口、高层送到电梯口、有车送到车离去。

四、用语规范

服务顾问的谈吐要文雅大方,语调亲切,音量适中,语句流畅,回答问题简明、准确、规范,要学会运用文明礼貌语言。

熟记以下标准服务用语。

(1) 欢迎光临!

(2) 先生(女士),您好!

(3) 很高兴为您服务!我能为您做什么吗?有什么需要帮忙的?

(4) 请问先生(女士)要在这里等或先回去。

(5) 有什么问题,请随时跟我联系。

(6) 这是我的名片,请多多指教。

(7) 感谢您的光临,祝您用车愉快!

(8) 再见!祝您一路平安!

礼仪训练

1. 仪容仪表的自检与互检

(1) 自检

要求:对照仪容仪表礼仪规范,检查自身的面部、头发、手部、着装是否符合要求,并记录。

(2) 互检

要求:全班学生分成两组,排列整齐并面对面站立。互相指出对方仪容仪表符合和不符合的地方,并记录。

2. 仪姿仪态的练习

要求:对全班同学进行分组,5~6人一组,每个小组选一名组长。以组为单位,练习站姿、坐姿、蹲姿、走姿和微笑表情。

3. 情境练习

模拟场景:客户来店进行车辆保养,服务顾问从门口迎接客户进入接待大厅,并引导客户就座,然后自我介绍并递送名片给客户。

要求：对全班同学进行分组，5~6人一组，每个小组选一名组长。以组为单位，组长带领组员参考情境进行演练。每次演练，一人扮演服务顾问，一人客户。其他组员认真观察演练过程，演练结束后进行点评。之后进行角色轮换，保证每位同学都得到了训练。

 学习测试

一、选择题

1. 服务顾问在工作接待中，语态基本要求是（　　）。
   A. 随心所欲　　　　B. 视客户态度　　　C. 亲切自然　　　D. 视个人心情
2. 仪态包括（　　）、蹲和表情。
   A. 站、坐、行　　　　　　　　　　　B. 站、坐、仪表
   C. 坐、行、仪表　　　　　　　　　　D. 站、行、仪表
3. 为表示尊重，当（　　）走来时服务顾问应站起来。
   A. 客户或客人　　　　　　　　　　　B. 上级和职位比自己高的人
   C. 与自己平级的女员工　　　　　　　D. 以上都是
4. 在称呼礼仪中，有几种惯例的称呼方法，以下（　　）不是。
   A. 称呼行政职务　　　　　　　　　　B. 称呼技术职称
   C. 称呼学历　　　　　　　　　　　　D. 称呼行业称呼
5. 服务顾问应及时修剪指甲，指甲前端白色部分不得超过（　　）。
   A. 1cm　　　　B. 1mm　　　　C. 2cm　　　　D. 2mm
6. 男士在穿西装时应注意整体装扮，讲究搭配合理、色调和谐，强调整体美。全身颜色限制在（　　）种之内。
   A. 两　　　　　B. 三　　　　　C. 四　　　　　D. 五

二、判断题

1. 男士服务顾问要求短发，保持头发清洁、整齐，可以彩染。（　　）
2. 服务顾问见到客户时，为表示热情，应该主动与客户握手。（　　）
3. 握手应面带微笑、目视对方、适时问候，间距1m左右。（　　）
4. 在为客户提供服务时，要始终保持微笑，眼睛应注视对方讲话，不可眼视他方。（　　）
5. 服务顾问应保持牙齿清洁、口腔无异味，在工作期间应多嚼口香糖。（　　）
6. 介绍他人应遵循"尊者优先了解情况"的原则。（　　）
7. 若两人同时交换名片，则左手递出名片、右手接受名片。（　　）

三、简答题

1. 递送名片的要点有哪些？
2. 为什么服务顾问应注重礼仪？
3. 站立时禁忌的姿势有哪些？行走时禁忌的姿势有哪些？
4. 迎接客户下车有哪些礼仪要求？

单元小结

（1）汽车售后服务指的是指汽车销售以后，围绕汽车使用过程中的各种服务，它涵盖了消费者买车后所需要的一切服务。也就是说，汽车从售出到报废的过程中，围绕汽车售后使用环节中各种后续需要和服务而产生的一系列交易活动的总称。

（2）汽车售后服务分为广义和狭义两种。狭义的汽车售后服务主要是指汽车维修服务企业为汽车使用者提供汽车购买后的使用服务，包括维修保养、美容装饰、故障检修、零部件供应、保险理赔和二手车交易等服务。广义上的汽车售后服务还包括因汽车而衍生出的一些服务，如汽车租赁、汽车俱乐部、汽车文化、汽车用品等。

（3）我国汽车售后市场的两大主要渠道模式是4S店和品牌快修连锁店。4S店在信誉度、品牌、专业技术、售后保障、人性化等方面具有优势，但最突出的一点是维修保养价格过高、便利性不足。

（4）理念是精神信念，也是行为规范，是企业文化的重要组成部分，是运营管理的宏观方向。售后服务人员应树立"客户满意""客户总是对的"、争取拥有常客的服务理念。

（5）服务顾问是企业的"窗口"，代表企业的形象；是企业与客户之间沟通的桥梁，协调双方利益，增加双方的信任度，从而凝聚广大客户，提高企业的经济效益。服务顾问又可带动协调各个管理环节，有利于提高工作效率，影响企业的效益。

（6）作为一名服务顾问，应具备汽车专业知识、良好的沟通能力和抗压能力以及一定的计算机操作技能。

（7）服务顾问职业道德规范为：真诚待客、服务周到、收费合理、保证质量。

（8）服务顾问应按岗位规定着装，正确佩戴标牌，保持服装干净、熨烫，纽扣无缺少。应经常理发、洗发，保持头发无头屑、无异味。面部应干净整洁，牙齿清洁、口腔无异味。男士不能留胡须，女士应淡妆上岗。双手保持清洁，及时修剪指甲。

（9）仪态仪姿包括站姿、坐姿、行姿、蹲姿和表情。在日常生活中，同学们应按照规范的仪态仪姿要求进行训练。

（10）自我介绍时先向对方点头致意，得到回应后再进行，简洁说明自己的姓名、单位名称和职务。介绍他人时应注意先后次序，遵循"尊者优先了解情况"的原则。

（11）握手时应面带微笑、目视对方、适时问候，1~3秒为宜。待客户、上级、长者、女士先主动伸出手，售后服务人员再相迎握手。

（12）递送名片时，应面带微笑，稍欠身，注视对方，将名片正对着对方，用双手的拇指和食指分别持握名片上端的两角送给对方。接受名片时，应尽快起身或欠身，面带微笑，用双手的拇指和食指接住名片的下方两角，接到名片时要认真地看一下。若同时交换名片，则右手递出名片、左手接受名片。

（13）服务顾问在与客户交谈时，应组织好话术，注意倾听，勿打断客户讲话。多用敬语，如："您""请""谢谢""对不起""再见"等。注意用语规范，熟记常见的标准服务用语。

单元二

汽车售后服务接待流程

售后服务是汽车 4S 店业务的重要组成部分。做好售后服务，不仅关系到 4S 店产品的质量，更关系到客户对产品和 4S 店的满意度。优秀的服务标准和售后服务接待流程是售后服务业务高效有序开展的前提。一般来说，汽车售后服务接待流程包括预约、接待、诊断、制定维修工单、车辆维修、维修质量检验、结算、车辆交付和客户回访九个步骤，如图 2-1 所示。

图 2-1　汽车售后服务接待流程

任务一　预　　约

（1）描述预约的好处。

（2）描述电话预约流程。

(3)完成电话预约作业。

随着互联网和信息技术的发展,预约服务在日常生活中已得到广泛使用。比如,到医院看病可以提前预约挂号,出门旅行可以提前预订酒店、车票和景点门票,去饭店吃饭可以先预订座位,电饭煲预约煮饭,空调预约安装等。

一、预约的好处

在汽车售后服务业也大力推行和倡导预约服务,因为这对于客户和企业而言是件双赢的事情。

对客户而言,预约能够让客户避免维修高峰期的漫长等待,而且通过提前告知故障现象,避免零部件准备不足而延误维修,缩短维修时间。服务企业可以在配件、工具、技术人员等方面提前准备,从而保障维修和保养的质量。

对企业而言,通过车主预约,可以削峰填谷,提高工位利用率及服务产能;减少由于维修服务的突然性而导致的非作业时间延长,提高生产效率;由于客户等待时间减少了,零部件供应及时,维修时间也缩短了,客户满意度自然也提高了。

建议客户在对车辆进行修理和日常保养之前,最好先向 4S 店预约一下,从而享受省时、省心的汽车维护和修理过程。

二、预约方式和预约类型

1. 预约方式

客户可以通过电话、微信、经销商网站、短信、电子邮件、现场预约等方式进行预约,如图 2-2 所示。

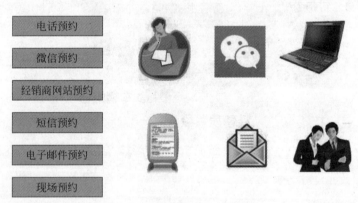

图 2-2 预约方式

服务顾问可以在维修时询问客户,确认客户最方便的时间和最喜欢的预约方式,并在建立客户档案时将其作为首选。根据客户所希望使用的联系方式进行预约,避免上下班高峰期用电话联系客户。

2. 预约类型

预约有主动预约和被动预约两种类型。主动预约是企业主动与客户沟通进行预约，被动预约是客户主动与企业工作人员联系预约维修保养作业，又称受理预约。本部分将在后面重点介绍如何通过电话预约方式进行主动预约和被动预约作业。

三、电话礼仪

电话预约是最常见的预约方式之一。服务顾问在与客户进行电话沟通时，应注意电话接听礼仪。因为，通过电话不仅仅展示的是个人素质，更代表着企业的形象，因而掌握正确的、专业化的、礼貌待人的接听电话礼仪非常重要。

1. 电话呼出礼仪

（1）打电话前必须准备要点，并准备纸笔记录。最好养成用左手拿话筒、右手做记录的习惯，如图 2-3 所示。

（2）打电话前应准备好以精神饱满的状态应对客户，拨通电话后，先向对方问好，并明确对方是否为我们要找的对象，得到明确答复后，再自报家门。

图 2-3　电话呼出礼仪

当我们打电话给某单位，若一接通，就能听到对方亲切、优美的招呼声，心里一定会很愉快，使双方对话能顺利展开，对该单位有了较好的印象。在电话中只要稍微注意一下自己的行为就会给客户留下完全不同的印象。同样说："你好，这里是×××"。声音清晰、悦耳、吐字清脆，给客户留下好的印象，客户对其所在公司也会有好印象。因此要记住，打电话时，应有"我代表单位形象"的意识。

（3）首选拨打客户固定电话，没有的话再拨手机。致电客户办公室选择 9:30—11:00 和 14:00—16:30 较为合适，致电客户家里要避免早晨 8 点之前和晚上 10 点之后。

（4）打电话时，要坐姿端正，口对话筒并保持适当距离，说话要富于节奏，表达要清楚、简明扼要、吐字清晰。

打电话过程中禁止吸烟、喝茶、吃零食，即使是懒散的姿势对方也能够听得出来。如果你打电话的时候，弯着腰躺在椅子上，对方听你的声音就是懒散的，没精打采的；若坐姿端正，身体挺直，所发出的声音也会亲切悦耳，充满活力。因此打电话时，即使看不见对方，也要当作对方就在眼前，尽可能注意自己的姿势。声音要温雅有礼，以恳切的话语表达。口与话筒间，应保持适当距离，适度控制音量，以免听不清楚、滋生误会。或因声音粗大，让人误解为盛气凌人。

（5）如果对方告知我们要找的人时，不能马上就挂断，而应该抱歉和致谢。

（6）通话时间过长时，礼貌询问对方是否方便。

（7）通话完毕，应该友善地感谢对方，和对方客气地道别，说一声"谢谢""再见"，等对方先挂掉电话后，再轻轻挂上电话，不可只管自己讲完就挂断电话。

2. 电话接听礼仪

（1）接听电话前，要准备好笔和记事本以便通话时记下要点。

（2）电话来时，听到铃声，至少在第三声铃响前取下话筒。

电话铃声响一声大约3秒钟，若长时间无人接电话，或让对方久等是很不礼貌的，对方在等待时心里会十分急躁，会给他留下不好的印象。即便电话离自己很远，听到电话铃声后，附近没有其他人，我们应该用最快的速度拿起听筒，这样的态度是每个人都应该拥有的，这样的习惯是每个办公室工作人员都应该养成的。如果电话铃响了五声才拿起话筒，应该先向对方道歉，若电话响了许久，接起电话只是"喂"了一声，对方会十分不满，会给对方留下恶劣的印象。

（3）在礼貌称呼后，主动报出公司或部门名称，并询问客户是否需要帮助。比如："您好，这里是×××4S店，我能为您做些什么？""下午好，这里是维修业务前台，我是服务顾问×××，有什么需要帮忙的吗？"

（4）接听电话时要认真倾听，问答时简明扼要。

如果电话对方不是找本人，那么应该礼貌地请对方"稍候"并将电话转给对方所找的人；如果对方要找的人不在，切忌粗率答复"他不在"即将电话挂断，我们可以主动地提供一些帮助，"需要我转告吗？还是要他回您电话？"

在与客户交谈过程中如果电话铃响，应该先向现场的客户致歉，请客户允许接听电话。在结束通话后，首先应该再次向现场客户抱歉，充分表现出对客户的尊重，然后再重新开始交谈。

如果碰到对方打错电话时，我们也要有礼貌地应对，不可敷衍了事或匆忙挂断，因为无论是从电话对方或现场客户的角度来看，这都是表现服务礼仪的一个亮点。

（5）在结束通话前，要确认记录下的要点，尤其是数字、日期、时间等应再次确认以免出错。然后对对方的来电表示感谢，和对方礼貌地道别。

四、主动预约

主动预约的工作流程包括预约准备、预约实施和预约确认三个步骤，如图2-4所示。

图2-4 预约工作流程

1. 预约准备

在实施预约工作前，服务顾问需要做以下准备工作：确定预约客人名单，查找出客人信息及以往的维修历史，准备预约单和工时费、材料费价格表等表单，了解车间的维修能力及可预约时段和配件供应能力。表2-1为力帆汽车授权服务站预约单。

服务顾问从以下两类客户中确定预约客人名单。

(1) 新车销售后三个月的客户,提醒做首次保养。

(2) 有保养里程记录的客户,根据客户车辆上次保养日期和行驶里程或以往的保养时间间隔,计算出下次按期保养日期,在此日期提前两周提醒客户下次保养。

表 2-1　力帆汽车授权服务站预约单

预约单号：　　　　　　　制单员：　　　预约时间：　年　月　日　时　分
车主：　　　　　　　　　电话：　　　　地址：

用户车辆信息						
车牌号码	车型	底盘号	发动机号	车辆颜色	购车日期	里程(km)
用户描述			服务顾问初步诊断			
预计修理项目						
序号	修理内容		修理工费	备件准备	工位装备	外出车辆准备
预计修理费： (含检查费、修理工时费、材料费及其他有关费用。结账时按实际发生额结算。)						
预约进站时间：　年　月　日　时　分						
预约交车时间：　年　月　日　时　分						
[备注]本次预约是否属于重复维修项目或上次建议维修但未解决的项目：						
提前1日预约确认情况：						

备注：此单据一式三联,前台(服务顾问)一联、维修车间一联、配件部门一联。

2. 预约实施

(1) 主动预约工作流程

预约准备工作完成后,就到了预约实施阶段。主动预约工作流程如图 2-5 所示,其中每个步骤的工作要求如下。

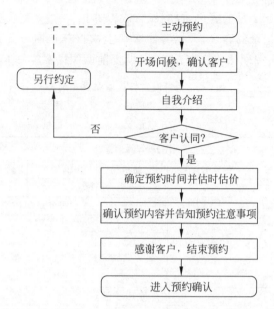

图 2-5 主动预约工作流程

① 开场问候、确认客户。

要点：使用标准欢迎用语，讲普通话。

话术：您好,请问是×××先生(女士)吗?

您好,请问是车牌号粤 A×××××的车主×××先生(女士)吗?

② 自我介绍。

要点：要连同店名、部门名称和职务一起介绍。

话术：我是×××4S店售后服务中心的服务顾问×××。

③ 征求客户的同意。

要点：告知致电的目的,征求客户的同意。

话术：我们将于××月××日开展免费检测服务,我这里利用几分钟时间帮您预约一下服务可以吗?

您的车已到保养期了,我是想为您做车辆保养提醒和预约,大概耽搁您 2～3 分钟时间,请问您现在是否方便接听电话?

④ 确定预约时间并估时估价。

要点：确定预约时间,应综合考虑客户预约当天(客户希望的)和预约时段接待人员的接待能力和车间的维修能力及配件供应能力,设定好预约和直接上门客户的目标比例,确定各时段可预约的客户数。尽量引导客户选择非高峰时段,并告知该时段进店的好处。对于返修、质量担保、召回的、其他特别维修需求的,应优先进行维修安排。

如果不能满足客户要求的时间,建议并提出另一个预约时间。

话术：非常抱歉当日预约已满,您是否方便将这次预约改在××时间进行?

同时根据客户需求,做出对维修费用的大致估价,预估交车时间,并向客户说明。如果因诊断而难以准确预估,应向客户解释相关情况。

⑤ 确认预约内容并告知预约注意事项。

要点：与客户确认最终的预约信息,包括客户和车辆信息、预约时间、作业类型、维修费用、维修时间等。并告知客户工位预留时间、预约的好处及优惠、进站应携带的材料等注意事项。

工位预留时间指超过预约时间的工位再等待时间。预留时间因地域不同而不同,由维修企业自己确定。如预留时间为10分钟,意思是超过10分钟意味着客户自动放弃预约,原预留工位将另行安排。告诉客户你将"提前一个小时再次确认",即给客户打电话确认客户是否准时赴约。

⑥ 感谢客户,结束预约。

要点：感谢客户;友好地道别。

话术：感谢您接受邀请,届时我们将恭候您的光临,祝您行车愉快,再见!

　　　　谢谢,占用您的时间了,我们期待您的光临。再见!

(2) 主动预约实施案例

SA：您好,请问您是沪A00001的车主张先生吗?

客户：是的,有什么事吗?

SA：张先生,我是南菱别克4S店售后服务顾问小陈,我是想为您做车辆的定期保养提醒和预约,大概耽搁您2~3分钟的时间,请问您现在是否方便接听电话呢?

客户：好的,你说。

SA：张先生非常感谢您,现在距您的爱车上次保养已经有三个月了,为了保持您的爱车始终处于最佳状态,保证车辆正常和安全的驾驶,我想和您确认一下,最近您是否有时间为您的爱车进行这次的定期保养呢?

客户：噢,我准备10月1日去吧!

SA：张先生,好的,10月1日几点钟您方便和我确认一下吗?我可以为您安排双人工位的快速保养,就是由原来一名技师操作变成现在的两名技师共同操作,在保证维修保养质量不变的基础上提高了工作效率,可以节约您宝贵的时间。

客户：10点钟吧。

SA：张先生,是10点钟吗?

客户：是的。

SA：张先生,您看您是否方便提前一个小时呢?如果您9点钟到,大概只需1小时就可以完成本次保养维修的项目,10点钟是我们这里的一个进场高峰期,保养维修周期相对会比较长。

客户：好的,那就9点钟吧!

SA：张先生,再次和您确认一下全部内容,您预订在10月1日上午9点钟进场,本次保养我们要为您的爱车更换机油和机油滤清器,费用总计为468元,时间需要1小时,10点钟左右就可以完工,保养同时我们会对您的爱车进行全面细致的检查,发现任何项目我们会首先联系您,我会在9月30日和10月1日的8点钟和您再次联系确认的,好吗?

客户：好的。

SA：张先生，非常感谢您，您的预约信息我已经登记下来，10月1日期待您的光临，我是您的服务顾问小陈，祝您事事顺心如意，10月1日见！

客户：再见。

SA：再见。

3. 预约确认（预约后准备）

1）目的

根据与客户达成的预约约定，提前做好充分的服务准备，包括人员、工位、工具、备件、技术方案、设备等，以保证顺利完成服务工作，确保客户满意。

2）内容

主动预约工作由客服专员或服务顾问完成，预约实施后，需要服务部和维修部的人员共同配合才能做好预约后的准备工作。具体的准备工作如下。

（1）服务部

① 服务顾问或客服专员将新增的预约信息录入DMS系统中，确认零件库存，当零件库存不足时，则需要进行零件订货。向零件部门确认零件到货时间，若不能在客户预约入厂日到货，则需向客户重新预约时间。

② 服务顾问或客服专员在预约入厂日前一天与客户再次确认，提醒客户维修保养的预约日期和时间，并带好保养手册、驾驶证和行驶证。当客户能按预约时间入厂时，确认正式预约。当客户要求更改预约时间时，进行重新预约。

③ 服务顾问或客服专员统计第二天所有预约客户并形成《预约汇总表》，并将第二天的预约单交于服务经理（服务主管）。

④ 前台值班人员负责每天下午下班前完成对第二天的预约看板和预约管理看板的登记，并将预约内容告知相对应的服务顾问。表2-2所示为某汽车销售服务公司所用的预约管理看板。

表2-2 预约管理看板

预约看板：　　　　　　　服务站名称：　　　　　　　日期：

序号	客户姓名	车牌号码	预计回站时间	服务顾问/日期	备注

⑤ 服务顾问在下班前落实第二天预约维修保养的工位、技师、备件等情况，为客户来店做准备。

⑥ 服务顾问按预约时间提前一个小时确认材料和配件，确认无误后，再次致电客户提醒预约时间，确认客户是否能准时到店；如不能准时到店，告知客户工位将不能为其预留。

⑦ 服务顾问提前15分钟监督维修工组对预约工位进行清洁处理，并准备好三件套、预约标识牌等。客户进店前5分钟，服务顾问为预约客户预留接车预检通道。若客户超

时未进店,服务顾问主动致电客户提醒确认,并将客户反馈结果和仍需等待时间及时告知车间主管。

(2) 维修部

① 车间主管收到《日预约汇总表》和预约单后,根据预约时间通知安排相关维修小组(技师)并填写车间维修进度看板。

② 当日接到服务顾问的预约确定通知后,应尽量在预约时间空出预约工位,并完成清洁工作,等待预约客户进店;如无法预留工位,则须确保预约客户的优先工位使用权。

③ 客户超时未进入工位,或超时15分钟后仍未接到服务顾问的预约确定通知,车间主管需及时主动通知服务顾问,取消预约,并安排维修小组和工位接待其他车辆。

④ 各班组应准备好预约车辆的时间和工位,积极配合预约工作。

3) 准备工作中的关键行为

(1) 服务顾问在预约时间的前一天审核所有的预约客户服务信息,留意客户的特别需求,如召回、维修及客户类型。

(2) 服务顾问保证预约客户的配件按时供应,提醒配件仓库放在独立的预约配件区域。

(3) 在预约欢迎牌上填写预约客户的名字,以示尊重、欢迎和已做好充分准备。

(4) 准备好提供有可能需要的代步工具。

(5) 确保接待客户所需的全部工具都准备好且功能正常。

主动预约演练

工具及设备要求:预约单、客户信息单、笔。

演练要求:两人一组,一人扮演服务顾问呼出电话,一人扮演客户接听电话,进行汽车保养预约。之后两人互换角色再次进行演练。

考核标准:对每组学生的演练情况,从以下几个方面进行考核评定。

(1) 服务顾问与客户交流过程中用语是否规范、语速是否得当、行为是否规范。(20分)

(2) 服务顾问是否按照主动预约实施要点准确地进行预约作业,遗漏一个要点扣10分。(60分)

(3) 预约信息的填写是否完整、正确。(20分)

五、受理预约

1. 受理预约工作流程及要素

与主动预约相比,受理预约的工作流程少了预约前的准备,只有预约实施和预约后准备两个步骤。预约后准备与主动预约相同,这里只介绍受理预约的预约实施这个步骤。

受理预约实施工作流程如图2-6所示,其中每个步骤的工作要求如下。

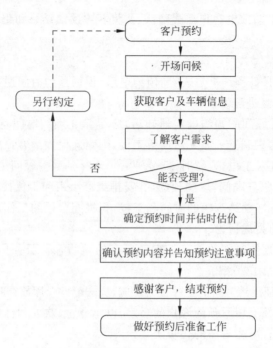

图 2-6 受理预约实施工作流程

(1) 问候

在电话铃响第三声之前拿起电话,并面带微笑地说:"您好!×××服务站,我是服务顾问×××(预约员×××)。"礼貌问候客户,"请问有什么可以帮助您的吗?"

(2) 获取客户及车辆信息

① 询问客户的姓名、联系电话、车型、车牌号、公里数等基本信息,并记录在《预约记录表》中。

话术: 我马上给您做一个预约登记,请问怎么称呼您?您爱车的车型是什么?车牌号码是多少?您的联系电话是多少?

② 查阅客户档案,进一步确认客户信息,以保持档案记录的准确性、及时性。

③ 如果没有为该客户建立维修档案,在放下电话后应根据《预约记录表》在计算机系统中初步建立该客户档案,待客户到厂后建立详细的维修档案。

(3) 准确了解客户需求

① 仔细听取客户的想法和故障描述,用专业的提问方式了解问题的详细情况,确定客户需求。

A 类:保养(首次保养、定期保养)。

B 类:快修服务和较易判断故障原因的一般性维修。

C 类:较难判断故障原因的和维修时间较长的,如电器、电路故障、总成维修等。

D 类:对车辆行驶和使用感觉不理想,或由于前次维修处理不当(包括客户不理解因素)需返修而产生抱怨的。

话术: ×××先生(女士),请问您的车这次预约是维修还是保养呢?

② 将问题或维修的要求记录在《预约记录表》中。如果数据输入超出 5 秒要告知客户。

对 A 类情况,将保养要求进行记录。

"您的车辆需要做 45 000km 的保养,同时您还希望对车辆进行一下检查,还有其他要求吗?"

对 B 类情况,确定需要修理或更换的零部件。

对 C 类情况,使用《预检单》详细询问客户,以了解问题的本质(即故障现象描述);如问题较复杂,提醒客户来站诊断或路试,并将车辆故障现象及时转告技术专家。

对 D 类情况,应立即向客户道歉或利用对应的话术进行解释,并按《抱怨客户接待、处理工作流程》处理。

"对不起,给您添麻烦了,您反映的问题,我已做了记录,希望您尽快到我站对车辆作进一步检查。"

(4)确定预约时间并估时估价

确定预约时间,应综合考虑客户预约当天及预约时段接待人员的接待能力和车间的维修能力及配件供应能力,合理安排预约时间。如果不能满足客户要求的时间,建议并提出另一个预约时间。尽量引导客户选择非高峰时段,并告知该时段进店的好处。对于返修、质量担保、召回的、其他特别维修需求的,应优先进行维修安排。

同时根据客户需求,做出对维修费用的大致估价,并向客户说明。必须使客户能够了解费用所包括的具体项目,并确保客户能够理解。

对于 A、B 类情况,按网点已公布出来的维修(保养)价目表估报维修费用。

"这次保养,需要对车辆的机油、机油滤清器以及汽油滤清器进行更换,同时,还要对车辆的相关零部件进行检查和调整。材料费是 259 元,维修工时费是 180 元,总共需要 439 元。王先生,这仅仅是个估算,等您来店后,我们对车辆做一个全面的检查,再给您详细的报价,您看可以吗?"

如果当时不容易进行估算的,告诉客户到服务站进行诊断后再予以定价。

对在电话中不易回答(包括不便回答)或需经请示才能确定的问题,应委婉地请客户予以谅解,并告诉客户稍候会在最短时间内给予回复。

如客户希望知道车辆维修所需的时间,可根据客户提供的明显故障信息,初步给出基本维修估算时间。

"您这次的服务,我们除了按规定要求做车辆保养外,还将对车辆进行全面质量检查,同时还需对车辆进行清洗,大约需要 1 个半小时。"

(5)确认预约内容并告知注意事项

① 在本次预约结束前或再次与客户去电话联系时,应对以下内容进一步确认。

客户的姓名、电话号码、车型、车牌号、维修项目。

客户具体的来站日期和时间。

话术:王先生,我来确认一下:您的电话是 1399558××××;您的车型是凯旋旗舰型,您的车牌号是川 ATB×××,您预约的时间是明天上午 9 点半,对车辆做一个 45 000km 的保养,同时再对车辆做一下检查,是这样吗?

② 提醒客户准时到达。

话术：王先生,我们将为您把维修工位预留到明天上午 10 点,希望您能在这个时间前来我店,好吗?

(6) 感谢客户,结束预约

结束谈话前,向客户表示感谢。

话术：

① 预约成功客户。

王先生,谢谢您的来电,我们将在明天上午恭候您的到来。

×××先生(女士),非常感谢您本次的预约,我们将做好充分的准备恭候您的光临。再见。

② 未成功预约客户。非常抱歉,这次未能满足您的需求。如果您今后有需要,欢迎再来预约。

2. 受理预约实施案例

SA：您好,欢迎致电广州顺协丰田 4S 店,我是服务顾问×××,请问有什么可以帮到您的?

客户：我想做个保养预约。

SA：好的,先生,请问您贵姓?

客户：我姓李。

SA：你好,李先生,我先记录下您爱车的基本信息,请问您爱车的车型和车牌号是多少?

客户：我的车型是 RAV4,车牌号是粤 AA8×××。

SA：好的,您的电话号码是多少?

客户：我的电话是 1531234××××。

SA：好的,我记下来了。请问您爱车现在的里程数是多少?

客户：29 000 多千米。

SA：李先生,您这次做的是 30 000km 的常规保养,请问您还有其他的需要吗?

客户：对了,你再帮我检查下喇叭,好像没有以前那么响了。

SA：好的,再为您检查一下喇叭。李先生,您这次做的是 30 000km 常规保养,大概需要 1 小时。检查喇叭大概需要 15 分钟,所以您大概需要 1 小时 15 分钟的时间。不过检修时间只是预估,具体时间要到场检查后才能确认。

客户：好的。

SA：李先生,您这次保养需要更换机油、机滤、汽滤,材料费是 418 元,工时费是 100 元,共 518 元。其他方面是否有维修费用,要等技师检查车辆后才能确认。

客户：好的,我知道了。

SA：李先生,您看您什么时候方便过来?

客户：明天下午 2 点。

SA：稍等,我为您安排一下。

非常抱歉,明天下午 2 点的预约已经满了。我为您安排到明天下午 3 点,可以吗?

客户：那好吧。

SA：李先生，非常感谢您的谅解。我们会在您到来之前，为您作预约提醒，您希望我们通过什么方式对您进行预约提醒，电话还是发短信？

客户：打电话吧。

SA：没问题，再跟您确认一下手机号码，你的电话是1531234××××，对吗？

客户：没错。

SA：好的，李先生，我已经为您记录下详细信息，再次和您确认预约信息，您预约的是明天下午3点钟进场，为您的爱车做30 000km的保养作业，同时检查一下喇叭，是吗？

客户：是的。

SA：李先生，提醒您过来时带上行驶证、保修手册、保养手册。我们的预约只为客户保留半小时，请您在明天下午3点半之前到达，好吗？

客户：好的。

SA：感谢您的来电。祝您工作顺利。再见。

客户：再见。

受理预约演练

工具及设备要求：预约单、笔。

演练要求：两人一组，一人扮演客户呼入电话，一人扮演服务顾问接听电话，进行汽车保养预约。之后两人互换角色再次演练。

考核标准：对每组学生的演练情况，从以下几个方面进行考核评定。

(1) 服务顾问与客户电话交谈过程中用语是否规范、语速是否得当、行为是否规范。(20分)

(2) 服务顾问是否按受理预约实施要点准确地进行预约作业，遗漏一个要点扣10分。(60分)

(3) 预约信息的填写是否完整、正确。(20分)

一、选择题

1. 电话来时，听到铃声，至少在（　　）铃响前取下话筒。

　　A. 第一声　　　　B. 第二声　　　　C. 第三声　　　　D. 第四声

2. 以（　　）预约方式最为常见。

　　A. 电话　　　　　B. 微信　　　　　C. 短信　　　　　D. 现场

3. 当你打电话给客户时,在礼貌地开始通话初始,你应该( )。
   A. 向通话对方表明自己的身份　　　C. 称呼客户的名字要发音正确
   B. 询问对方需要什么帮助　　　　　D. 告知致电的目的
4. 在预约结束前或再次与客户去电话联系时,应对( )等预约内容进一步确认。
   A. 预约时间　　　B. 维修项目　　　C. 客户姓名　　　D. 以上都是
5. 与主动预约相比,受理预约的工作流程少了( )步骤。
   A. 预约前准备　　B. 预约实施　　　C. 预约后准备　　D. 以上都不是

二、简答题
1. 简述主动预约实施的流程及工作要素。
2. 如何完成预约准备工作?
3. 简述主动预约和受理预约实施流程的不同之处。
4. 接听电话时有哪些礼仪要求?
5. 目前,除了宝马、奔驰等一些中高档品牌的预约率较高外,大多数品牌的预约率都达不到30%。如何提高预约率?请说说你的想法。

任务二　接　　待

学习目标

(1) 描述接待的工作流程。
(2) 描述迎接客户的工作要点。
(3) 规范地进行接待工作。

广义的接待是指从客户进店到离店及后期回访的整个过程,狭义的接待是指客户进店、服务顾问迎接、接待的这个过程。本部分所讲的接待是指狭义的接待。

在售后服务的过程中,客户对于品牌和销售服务商的第一印象首先来自于在接待区域所体验到的服务。在接待时,如果服务顾问能够为客户提供专业而周到的服务,那么在赢得客户信任的同时无疑也将会为后续工作的开展奠定一个良好的基础。反之,如果客户在进店之初便因服务人员的工作不到位而心情不悦,那么即使后面几步的服务无可挑剔,客户满意度显然也将会大打折扣。因此,接待是售后服务流程中至关重要的环节,做好接待工作,给客户留下良好的第一印象,有利于后续服务顺利进行。

一、接待工作流程

在维修之前需有专门的人员对客户进行接待,详细记录车辆信息,了解要进行的项目,提前准备即将用到的设备、配件等必需品。接待工作流程如图2-7所示。

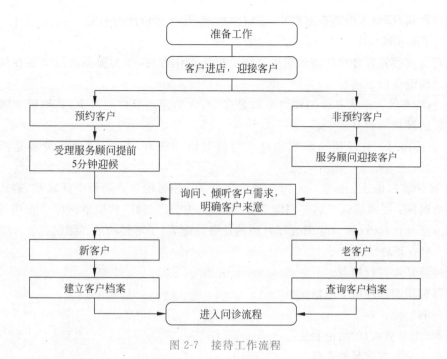

图 2-7 接待工作流程

二、具体步骤及工作要求

1. 准备工作

在开始一天的正式工作和每一次接待工作之前,需要了解相关的准备工作是否就绪,几分钟有序的检查完全可以避免接待中的慌乱,大大提高工作效率和服务质量。

(1) 仪表、仪容检查

① 按经销商员工着装标准着装,保证整洁、无破损,佩戴工作牌。

② 检查仪容、仪表,保证面部各部位干净、整洁,无异味,如图 2-8 所示。

③ 始终保持饱满的精神面貌和微笑的面容。

(2) 工具准备

图 2-8 仪容仪表检查

接待工作中会使用到很多的工具,每一种工具定位在何处,数量有多少,性能如何必须要非常清楚。如果客户看到服务顾问手忙脚乱地翻找工具,对服务顾问的信任度和对服务的印象会大大降低。

为了能更好地服务客户并使自己拥有良好的工作心情,请按 5S 的方法检查并维护好你的各种工具。

以下工具应在接待前仔细检查其数量、位置和性能,可以以检查单的形式进行提醒。

□充足的接车问诊单 □硬板夹子 □结算单打印纸

□各种工作章 □计算机(DMS 系统) □打印机

□四件套 □名片

□ 订书器(请检查内是否有钉) □ 有水的笔(包括客户使用的笔)

(3) 了解预约情况

预约是有效管理客户和主动安排接待工作的工作方法,作为服务顾问需要在接待工作开始之前确认以下项目。

① 预约车数。今天总体的预约车数是多少,我的预约客户是多少,其他服务顾问缺岗转给我的预约车数是多少。

② 预约项目。针对预约车的维修项目核对服务能力,人员、场地和设备是否能够满足。

③ 预约客户确认。提前一小时与预约当日来店服务的客户进行电话联系,确认客户具体来店时间;如果确认预约客户能够如期而来,提前准备好《预检单》,以节省接待中洽谈时间。可通过察看《预约登记表》和《预约任务分配表》了解预约的详细信息。

(4) 检查环境情况

对接待环境进行检查。

接待台周围的环境卫生情况。

客户的座椅。

桌面(工具摆放)的清洁程度。

停车区是否有充足的车位。

雨雪天气是否准备好雨伞、大门口有无防滑设施。

接待区和休息区的温度、湿度、气味、音乐。

充足的纸杯、饮料和纯净饮用水。

以上的各种准备工作虽然项目多,但如果养成定期检查的习惯不会占用太多时间,坚持这样去做就形成了主动准备工作的素养,用10分钟的主动工作换来全天的顺畅工作,杜绝盲目被动的工作方法,使自己能够在工作中找到更多的乐趣,更好地为客户服务。

2. 迎接客户

迎接客户的工作要点如下。

(1) 当客户来到时,要立即主动出迎。

(2) 引导客户停车。

(3) 主动为客户开启车门,问候并进行自我介绍,如图2-9所示。问候客户时要用眼睛看着客户并面带微笑,态度和蔼。

① 接待非预约客户,服务顾问应先问候并自我介绍,然后询问客户的姓名。询问客户姓名之后要礼貌、正确地称呼客户。

图2-9 迎接客户

"先生,上午好,我是本站的服务顾问,我叫陈蓉,您叫我小陈好了。请问怎么称呼您?"

② 接待预约客户,服务顾问除问候并自我介绍外,还应确认客户姓名。

"您好!您是来做常规保养的张先生吧,我是服务顾问陈蓉,由我来接待您。"

迎接客户的注意事项：应让预约的客户看到"预约欢迎板"，确保优先接待预约客户。未预约的客户，先到的先接待。如服务顾问都在接待客户，需要客户等待时，导修员应向客户进行礼节性的说明，视情况，建议客户到休息室休息、等待。

"很抱歉，请您稍等片刻，我们的服务顾问马上会过来接待您。我带您先去休息室休息一下，好吗？"

如果预约客户在预定时间未能如约而来，应进行电话联系，并婉转询问原因；如客户仍希望预约，则按预约工作流程要求再次进行预约。

"王先生，因为您预约的是上午九点半，我们的工位和维修人员都是按这个时间给您预留的，不知是什么原因影响了您的约定？"

3. 初步了解客户的需求

在主动问候客户后马上询问或确认客户的需求，明确客户的来意。

（1）未预约客户，询问客户的需求。

"×××先生（女士），您好！请问您今天是作保养还是维修？"

（2）预约客户，直接确认客户需求。

"张先生，您今天要做的是 50 000km 的常规保养，请问还有其他的要求吗？"

客户到网点的目的可能是维修、保养、购买精品、购买保险、参加活动、咨询中的一种或几种，了解到客户明确的需求后能够有效快速地进行指引和安排。询问时注意聆听，不要强加自己的主观意识，分清客户的主要目的和次要目的，避免思维定式，主次不分。客户有时会忘记部分需求，可进行主动提示。

4. 建立/查询客户车辆信息

请客户提供必要材料或证件。

"×××先生（女士），麻烦您把行驶证和保养手册给我登记一下，好吗？"

对于新客户，应为客户建立档案；对于老客户，在 DMS 系统中查询客户档案，并进行信息确认。在预检单上填写以下客户及车辆信息：客户姓名、联系电话、联系地址、VIN码、发动机号、车型、牌照号等。

接 待 演 练

两种情境演练：

（1）预约客户。张先生，作 40 000km 保养。

（2）非预约客户。王小姐，更换前轮轮胎。

工具及设备要求：整车、保养手册、行驶证、问诊单、笔。

演练要求：5~6 人一个大组，每个组推选组长。以组为单位，组长带领组员参考情境进行演练。每次演练一人扮演服务顾问，一人扮演客户。其他组员认真观察演练过程，在这个小组演练结束后点评其演练过程中的错误与不足之处。之后进行角色轮换，以便每个人都有机会扮演服务顾问的角色。

考核标准：对每组学生的演练情况,从以下几个方面进行考核评定。

(1) 服务顾问是否做好接待前的准备工作。(20分)

(2) 服务顾问是否按照接待实施要点去迎接客户,遗漏一项扣10分。(30分)

(3) 服务顾问迎接客户的用语和礼仪是否规范。(20分)

(4) 服务顾问是否准确地了解和记录客户的需求。(10分)

(5) 小组成员间配合是否默契。(20分)

一、填空题

1. 狭义的接待是指_____。

2. 接待工作流程包括准备工作、_____、了解客户需求和建立(查询)客户车辆信息四个步骤。

3. 当客户来到服务站时,要立即_____并引导客户停车。

4. 问候客户时要用眼睛看着客户并面带_____,态度_____。

5. 对于预约客户,受理服务顾问应提前_____分钟进行迎候。

二、简答题

1. 接待前需要进行哪些准备工作?

2. 请介绍为客户开启车门的礼仪要求。

3. 接待预约客户和非预约客户,有哪些工作要素是不同的?

任务三 诊 断

(1) 描述几种常见的问诊方法。

(2) 应用问诊技巧,准确地确认客户的维护需求。

(3) 对车辆进行环车检查。

一、诊断工作流程

诊断的目的是了解客户需求和客户遇到的困难,通过系统地检查找出故障原因,从而确立维修项目。通过诊断,客户可以清楚地知道自己的车到底哪里有问题,同时服务顾问也向客户展示了专业性,客户可以放心地将车辆交给你处理,从而产生信赖,增加客户忠诚度。诊断工作流程如图2-10所示。

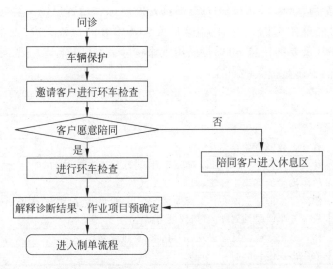

图 2-10　诊断工作流程

二、具体步骤及工作要求

1. 问诊

倾听客户的陈述,询问客户有关的详情并作记录。

许多客户到 4S 店来不仅仅是为了保养或者有很明确的维修要求,而是觉得车辆某些方面可能有问题,这就需要服务顾问能够通过问诊发现问题,并以专业的知识为客户提供维修建议,或者消除客户的疑虑。

服务顾问应表情专注、耐心地倾听客户对车辆故障的描述。但是,客户只是站在他的角度来说明车辆怎么不好,这时如果完全按照客户的描述进行记录,往往写出来的故障症状是不准确的,容易造成维修项目范围过大,给车间的维修增加了难度,使得维修时间长、车间服务效率低下。例如,客户进店描述制动不灵,服务顾问就要询问制动的具体情况,到底是制动无反应,还是制动距离长,这样便于车间试车。如果工单开制动软或制动不灵,范围就过大了。因此,在客户描述故障过程中,服务顾问应通过适当地引导让客户描述故障发生的具体细节,帮助客户将故障描述清楚,以便准确地判断出车辆的故障源。下面介绍几种常见的问询方法。

(1) 根据客户的描述提问题。比如,当客户说闻到一股味道,问诊时就可以问他闻起来像什么。如果客户说闻起来有点甜甜的味道,那么就可以初步判断是发动机冷却液泄漏;如果说闻起来像烧焦的气味,这时就可以判断是不是漏机油了,因为机油漏出来滴到发动机上,由于发动机的温度高,它燃烧起来就有这样的味道。或者说闻起来像烧开水的时候,水烧完了烧锅的味道,这时就可以判断是发动机过热了。

(2) 5W1H 问诊法。使用 5W1H 问诊法,引导客户对故障进行描述,以便准确把握故障现象。问诊时围绕着 5 个 W 和 1 个 H 进行询问,5W1H 的具体含义见表 2-3。比如,当客户说他的车有异响时,要问他当时在什么样的路面上行驶。如果客户说他的车有噪声,可以问他噪声的来源。因为噪声有很多,有从发动机室出来的,有从车底下出来的,左边、右边还是左前、右前、左后、右后,这些都是发声源。当客户说发动机有噪声时,就要问他是从什么时候开始有的。比如说"是从前天开始有的",或者说"上个月已经开始有了",这些都是非常重要的信息,可以提供给维修技师去判断故障。还要问客户,这个噪声有多响,是一种很小还是很大的声音。

表2-3 5W1H 的含义

5W1H	含义
What	有什么故障现象
When	什么时候发生?3个月以前、1个月以前、最近 故障发生的频率?经常、偶尔、仅1次
Where	故障发生的地点即在什么路面情况下出现(烂路、泥路、水泥路面或沥青路面等)
Who	故障发生时是谁驾驶,有何驾驶习惯
Weather	在什么天气或温度下出现(下雨、雪、炎热或寒冷等)
How long	故障出现多长时间

(3)使用封闭式问题。通常,当客户告诉你一些情况,你需要对此加以确认时,可以使用一些封闭性问题。比如,客户投诉或者抱怨他的车跑偏时,要问他"是不是做过车轮定位"。如果客户抱怨他的车发生抖动,这可能与转向操作有关,这时可用一个封闭式的问题问他,"除了抖动之外,您的车还有其他转向操作上的问题吗?"

问诊的核心是获取车辆故障是在什么条件下出现了什么样的故障现象,服务顾问应能够详细记录客户对故障的描述以及问诊的信息要点。

2. 检查车辆

在了解客户的需求以及车辆的故障现象后,需要与客户一起核实车辆的状况和相应的症状。检查车辆非常重要,因为客户并非专业人士,他的描述大多数都是凭自己的感觉,无法确定是哪个系统出了故障,所以如果只凭客户描述的故障现象就制定工单,可能将维修工作引入误区,无法真正解决客户的问题。

(1)对车辆进行防护

在初步了解客户需求后,如判定客户车辆需要进行维修或保养操作,在第一时间对客户车辆进行防护,当着客户的面为其车辆安装防护四件套(座椅保护套、方向盘套、变速杆套和脚垫),如图2-11所示。对客户车辆进行防护,反映了对客户车辆的重视,体现了对客户的关心和尊重,使客户感觉舒适。

图2-11 车辆防护

操作步骤与要点：

① 在未使用四件套时禁止任何工作人员进入客户车内，即使客户表示不用，在进入车辆之前也必须使用四件套，表示出我们的工作态度和对客户车辆的重视程度。

② 车辆防护不只是使用四件套，在驾驶客户车辆、开关车门、检查电器故障时都要小心、轻柔，决不可在和客户交谈时扒靠开启状态的车门、倚靠车辆。

（2）环车检查

在正式确定维修内容之前，需要和客户一起对车辆进行仔细检查。和客户共同确认并记录车辆情况，帮助客户了解自己车辆的基本情况，保证客户在取车时车辆情况与交车时保持一致。

① 检查方法。首先打开左前门，如图 2-12 所示，按照顺时针方向环车依次确认，并在预检单上做好记录，确认时请客户一起查看。

图 2-12 环车检查的顺序

检查顺序为：1.驾驶舱→2.车左前侧→3.车辆前部→4.发动机舱→5.车右前侧→6.车右侧→7.车后侧→8.车左侧

② 检查的主要内容。

驾驶舱：检查仪表板、仪表警示灯有无异常，记录里程数、油量，检查各功能按钮是否操作正常，如图 2-13 所示。注意：在进入驾驶舱检查前，提醒客户随身携带贵重物品，从车内出来前，释放发动机舱拉锁。

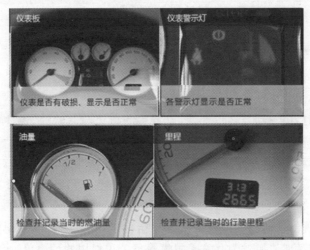

图 2-13 驾驶舱的检查

车外部：检查车身漆面是否有划伤、是否有磕碰痕迹；后视镜外壳是否完好、镜片是否损伤，开合是否顺畅；灯具壳体是否完好、是否有碰伤；前后车标是否齐全、完好；玻璃是否有裂痕；轮胎是否有鼓包、划伤等。图2-14所示为车外部的检查部位。

(a) 车身漆面的检查　　　　　　　　　　(b) 后视镜的检查

(c) 灯具的检查　　　　　　　　　　　　(d) 车标的检查

图2-14　车外部的检查部位

发动机舱：重点检查各种油液液面高度是否合适。

后备厢：检查备胎、随车工具是否齐全等。

（3）环车检查注意事项

① 环车检查时，应主动与客户交谈，以赞美的口语与其沟通，讲些客户喜欢听的话，比如："先生，您的汽车保养得很好""您的汽车很干净""您的汽车很高档"等。

② 在检查车辆外观时一定要仔细，必要时可擦掉灰尘仔细摸视，对发现的问题应及时告知客户，询问客户是否需要维修和更换。在检查汽车后备厢时，要征得客户同意，避免触及客户隐私。

③ 检查中发现的任何问题都应该给客户指出来，并按照要求在预检单上注明，避免交车时出现纠纷。表2-4所示为某汽车销售服务公司使用的预检单。

④ 环车检查后将客户请进接待大厅，为客户倒好茶水后，与客户谈判汽车维修保养事宜。

"先生（女士），车辆已经初步检查好了，现在请和我一起回接待台吧！"

⑤ 若车辆为故障维修作业，则服务顾问在环车检查时，必要时还应与客户试驾车辆，以核实客户描述的故障。

表2-4 某汽车销售服务公司使用的预检单

_____特许销售服务店接车预检单

首次登记：是□否□　是否预约：是□否□

车主：	联系电话：	
车牌号：	驾驶里程：	
维修类别：□一般维修□首次保养□内部调拨 □定期保养□索赔□事故车 □大修□年审□服务活动	私人物品：□自行保管□委托保管 洗车：□是□否 旧件带走：□是□否	
接车前的检查	□车钥匙□备胎□轮盖□行驶证□随车工具□随车资料 × 划痕 ⊙ 凹陷 ✓ 破损	燃油 1/2 E　　F
客户描述		
维修方案	建　议	
	预订交车时间：	
服务顾问：	本人完全了解并同意接受上述车辆维修项目的条款，车内贵重物品由客户自行带走，如有遗失，本店恕不负责；旧件代为保管一周，逾期按废件处理（自动放弃）。车辆确需移动、试车，如发生意外交通事故，本站承担保险公司赔付后差额，不足部分并在交车时付款，修理工料费按实际发生结算。随车物品已妥善保管。 　　客户签名：　　　　　　　　　　　　年　月　日	

(4) 环车检查的礼仪要求

① 引导客户绕车检查时,为了显示对客户的尊重和保证与客户顺畅交流,应该注意与客户的距离和位置,始终保持站立在客户侧前方1m左右。

② 引导客户进入车内检查时,应该主动为客户打开车门,并以手护住车门框上方,让客户安全进入并为他关上车门。

③ 引导客户下车时,应先从自己这侧下车,然后走到客户所在车门边为客户打开车门,并以手护住车门框上方,让客户安全下车,关上车门。

④ 在打开引擎盖后,应该以手护住前沿,防止客户被撞到。

⑤ 打开后备厢后,同样要用手护住厢盖,防止客户被撞到。

3. 故障确认

车辆检查后,服务顾问需当面向客户说明车辆检查结果。可以立即确定故障的,根据质量担保规定,向客户说明车辆的维修项目和客户的需求是否属于质量担保范围内。如果当时很难确定是否属于质量担保范围,应向客户说明原因,待进一步进行诊断后做出结论。不能立即确定故障的,向客户解释须经全面、仔细检查后才能确定。

同客户确定维修项目后,服务顾问应同时向客户复述问诊单上登记的车辆与客户信息、油量、里程数、本次到店需求、车辆内饰外观情况等。并询问客户,车辆还有无其他问题,以免客户遗漏。最后,应让客户在预检单上签字确认,避免维修后交车时出现纠纷,引起客户的不满。

需要注意的是,车辆检查和问诊等工作在实际工作中往往是同时进行的,在操作过程中,要做到流程活化。如客户只是做常规保养,则接待客户可直接进行车辆检查。如客户在下车后即向服务顾问说明车辆故障,可进行现场问诊。如在环车检查过程中,客户向服务顾问说明车辆故障,服务顾问则需将问诊与检查同时进行。

技能训练

诊 断 演 练

工作情境:客户反映车辆左前部有异响。

工具及设备要求:整车、防护四件套、预检单。

演练要求:5~6人一个大组,一人扮演服务顾问,一人扮演客户,其他同学认真观察演练过程。在这两位同学演练结束后点评其演练过程中的错误与不足之处。之后进行角色轮换,以便每个人都有机会扮演服务顾问的角色。

考核标准:对每组学生的演练情况,从以下几个方面进行考核评定。

(1) 服务顾问是否按照诊断的工作流程进行操作,有无遗漏或不规范。(40分,其中,问诊15分、车辆防护10分、环车检查15分)

(2) 预检单的填写是否规范、准确、完整。(20分)

(3) 服务顾问与顾客交流过程中用语是否规范、语速是否得当、行为是否规范。(20分)

(4) 小组成员间配合是否默契。(20分)

一、选择题

1. 在互动式接待时,服务顾问必须做（　　）的工作,以避免客户因没有在维修前仔细了解自己车辆的真实状况而发生不必要的纠纷。
   A. 查看历史维修记录　　　　　　B. 读工单
   C. 和车主一起检查车辆　　　　　D. 客户已打电话告知
2. 在问诊过程中,客户向你唠叨个没完,以下（　　）为正确应对方法。
   A. 面带微笑,斜眼看他　　　　　B. 正面积极地回应客户关注的问题
   C. 不予理会　　　　　　　　　　D. 让他先唠叨完以后再处理
3. 防护四件套应该在（　　）前当着客户面为客户车辆套上。
   A. 接待　　　　　　　　　　　　B. 预约
   C. 环车检查　　　　　　　　　　D. 车辆维修
4. 引导客户绕车检查时,为了显示对客户的尊重和保证与客户顺畅交流,应该注意与客户的距离和位置,始终保持站立在客户侧前方（　　）m 左右。
   A. 0.2　　　　B. 0.5　　　　C. 1　　　　D. 1.5
5. 服务顾问在问诊时可以使用 5W1H 法引导客户对故障进行描述,以便准确把握故障现象。以下（　　）不属于 5W1H 法的"5W"。
   A. Why　　　　B. What　　　　C. When　　　　D. Which

二、简答题

1. 简述诊断环节的工作流程及主要工作要素。
2. 简述环车检查的目的、顺序和检查内容。

任务四　制　单

(1) 描述制单的工作流程。
(2) 按照标准服务流程完成制单环节。
(3) 正确地预估车辆常规保养的维修费用,能向客户解释工时费的计算方法。
(4) 回答制单中的常见问题。

一、制单的目的

服务顾问经过诊断确定维修项目后,要将确认内容形成正式纸质合同,即维修任务委托书,制订维修任务委托书的过程简称制单。维修任务委托书作为客户和售后服务站之

间服务业务的合同协议,经客户签字后具有法律效力,也是对所有售后服务站服务人员的工作指令,必须严格按照维修任务委托书的要求执行维修工作。

二、制单的工作流程

制单环节看似简单,但如果在此过程中服务顾问不能将项目对客户进行清晰说明或不能准确预估交车时间,那么无疑会为日后客户产生抱怨甚至投诉埋下隐患。

制单的工作流程如图 2-15 所示。

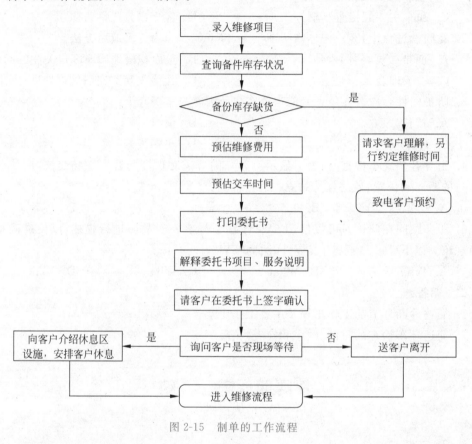

图 2-15　制单的工作流程

三、具体步骤及工作要求

1. 录入维修项目

将已和客户确认的维修项目填入维修任务委托书中,维修任务委托书模板见表 2-5。服务顾问不要只把那些收费的项目写在维修任务委托书上,客户提出的需要处理的一些小问题,即使是不收费的,也要写在上面,以免维修技师忘掉,造成在交车时客户产生不满。若售后服务站目前正在举办一些免费检查项目,服务顾问还应向客户推荐,以显示对客户的关爱。

表 2-5　维修任务委托书

××汽车贸易有限责任公司（AD）
任务委托书

客户：　　　　　　　　　委托书号：
地址：　　　　　　　　　生产日期：
联系人：　　　　　　　　送修日期：
移动电话：　　　　　　　约定交车：

牌照号	颜色	底盘号	发动机号	里程	领证日期	旧件带走	是否洗车
						是□否□	是□否□
车型				付款方式	提车付款	油箱	满□空□
维修工位	维修项目名称		性质	工时	工时费	主修人	备注
备件估价							

＊注：客户凭此委托书提车，请妥善保管
检察员：机修钣金油漆
站　长：×××
地　址：长春市经济技术开发区东南湖大路××××号　　服务顾问：
电　话：0431-8466××××　　　　　　　　　　　　制　单：
说　明：请随身携带好您的贵重物品，请不要在车间及厂区内吸烟。
客户签名：

另外，服务顾问还应把建议客户维修但客户暂不维修的项目作为维修建议录入系统中，以便客户下次到店时服务顾问提醒客户进行保养维修。如果在系统中查询到客户上次有未维修的遗留项目，服务顾问也应在本次将项目列出提醒客户。

2. 确认所需零件库存

查询维修项目所用的备件库存状况，确定是否有所需备品。查询备件库存状况的过程，既是向客户说明维修使用备件种类与数量的过程，也是再次核对备件价格的过程。如果发现有备件库存短缺，即应确认修理是否能够进行。如果可以通过调拨或订货的方式予以解决，需告知客户预计到货时间，征求客户同意是否需要订货，配件到货时及时通知客户。如果客户取消作业，应表示歉意，送走客户，取消维修任务委托书。

3. 预估维修费用

服务顾问办公桌面上应备有《保养常用配件及工时价目表》，并将其置于客户容易看到的位置，向客户展示，让客户明明白白地消费。服务顾问应尽量准确地对维修费用进行估算，并将维修费用按工时费和备件费逐项列出，按照"逐项报价、先报单价、再报总价"的原则向客户解释所估算的费用明细。如果不能立即准确地估计出维修费用，告诉客户总费用要在对车辆进行详细诊断后给出，并获得客户的理解。让最后的价格在客户的期望范围之内，并记录在提供给客户的维修任务委托书上。

维修费用由备件费和工时费两部分组成。工时费是指完成一定的维修作业项目而消耗的人工作业时间所折算的费用。为了使维修企业能够规范、统一、客观、合理地计算和收取汽车维修工时费,我国规定汽车维修工时费按统一规定的工时单价和统一规定的定额工时相乘的乘积进行计算。即:工时费=工时定额×工时单价。

(1) 工时单价

工时单价是统一规定的完成某种维修作业项目每工时的收费标准。一般根据维修作业项目的不同,划分为汽车大修(包括发动机、车架、变速器、前桥、后桥、车身等总成大修)、汽车维护和专项维修(包括小修)三种,各类维修作业项目规定不同的工时单价标准。汽车维修工时单价一般由各省交通行业主管部门和物价管理部门统一制定并向社会公布执行。

(2) 工时定额

汽车维修工时定额是统一规定的完成某种维修作业项目所需要的工时限额,是汽车维修企业计算和收取汽车维修工时费的最高限额。汽车维修企业在收取汽车维修工时费时,必须严格按统一规定维修工时定额标准进行计算。汽车维修工时定额在汽车维修企业内部还用作维修作业派工、维修工作量考核的依据。

需要明确的是,工时不等同于施工时间。维修时间由以下几个时间组合构成:维修准备时间(包括业务接洽,生产调度,工具、配件准备等工作时间),车辆故障诊断时间(含维修前检测、诊断时间),实际施工时间,试验、调试时间和场地清理时间。1个工时也不等同于1个小时。以宝马汽车为例,一个工时费用约38元,每个工时为5分钟,即一个小时分12个工时,每小时工时费合计450元左右。凯迪拉克汽车一小时约等于两个工时。不同车型同一项目工时费不同。一般工时与车型档次成正比,车越贵,工时单价也越高。如CTS、SLS等车型更换机油、机滤工时费280元左右,凯雷德则需要380元。

4. 预估交车时间

预估交车时间应考虑几个要点:首先,要确认车间的工作忙碌情况,通过作业电子看板来判断什么时候可以开始作业,作业电子看板如图2-16所示。其次,预估作业时间应包括检验、洗车的时间。同时,还应了解和考虑客户的取车要求,预估的交车时间要征得客户的同意,必要时可作调整。最后,将客户同意的交车时间记录在维修任务委托书上。

比如,通过作业电子看板判断上午10:00可以开始作业,预估作业时间为2个小时,由此可计算出交车时间为12:00。如果客户计划到周边商城逛街,计划下午3:00来取车,则可根据情况优先安排其他车辆作业,到下午1:00再安排该车作业。

5. 解释委托书项目并进行服务说明

打印维修任务委托书,将维修任务委托书调转180°,字体朝向客户,将委托书上的内容解释给客户听,内容包括:维修项目,确认是否保修项目,每个维修项目的内容、费用的明细、旧件的处理方式和承诺的交车时间等,越详细越好。明确告诉客户在维修过程中涉及的任何变更会在第一时间通知客户,并在得到客户授权同意的情况下才会进行维修。服务说明时尽可能避免使用专业词汇,力求简明扼要,应耐心对待客户的疑问。

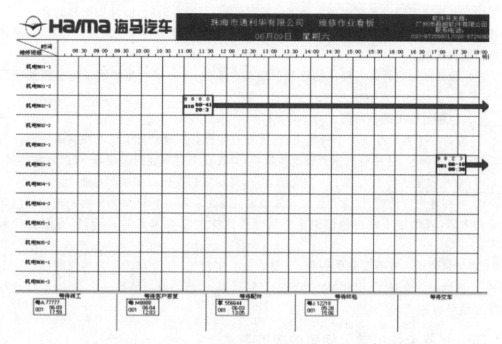

图 2-16　海马汽车售后服务站使用的作业电子看板

6. 完成维修任务委托书

待确认客户完全理解了维修任务委托书的内容并无异议后，引导客户在维修任务委托书的客户签字栏签字确认，完成授权。参考话术如下。

"您还有什么问题，如果没有问题，请您在这里签字。"

将维修任务委托书客户联交给客户保存，作为取车时的凭证，并提醒客户妥善保管。将维修任务委托单及相关维修文件，放入工单夹内。

7. 引领客户至休息区或送客户离开

工单确认完毕后，服务顾问根据客户的需要，安排客户到休息室等候或送客户离店。如客户在场等待，服务顾问应指引客户到休息区，介绍客服专员接待客户；如客户需要离店时，则礼貌、热情地送走客户。如果你向客户建议使用临时替代车，应确保临时替代车是准备好的并随时可以使用。

客户到达休息区后，服务顾问或客户专员向客户介绍休息区，包括休息区的服务人员、提供的服务、休息区的设施、设施的使用方式、设施的作用、儿童区的位置等，目的是让客户知晓他在休息室能得到什么样的服务。客户可以根据自己的喜好安排在休息室的活动，使客户在等待时感觉到舒服、有事可做，同时对修理工作放心，不必经常向你询问修理情况。

四、制单工作的执行技巧

（1）如是预约客户，服务顾问需从系统中查询相关的预约单，直接生成维修任务委托书，并与客户核实预约信息。

（2）服务顾问应向客户逐项解释维修项目、价格及交车时间，做常规保养的客户建议简要解释保养单。解释价格时，可以提示客户对照保养常用配件及工时价目表看板，使客户感受明白消费。

（3）服务顾问应将最后确认的维修信息录入系统，客户的特别需求及免费服务项目（如洗车等）也一同录入委托书中。

（4）制单工作中的小窍门。

① 为每一个客户准备一个资料袋，将所有的客户资料放到袋子里并在袋子外面注明客户姓名或车牌号，这样有利于管理这些资料，并且在交付车辆的时候，还可以将宣传册、优惠卡、意见收集表等放入袋子一并交给客户，显示你的工作有条理和专业。

② 当和客户说话时，注意要让客户领会你的意思。不要忘记40%的客户并不懂汽车行业的术语，因此如果你对他们说主销后倾等这样的专业术语时，他们很可能会理解不了。

③ 尽量使用一些有实效的语言，不要夸大事实情况，也没有必要为客户瞎操心。不要说："汽油泵完全坏了，必须换一个新的。"可以说："汽油泵需要换一个新的，而且这种方法是最可行的。"

五、制单工作中常见问题的应答话术

1. 客户抱怨维修工时费太贵，以后不想在4S店保养

话术：你好，我店所有维修项目均按厂家的保修标准工时制定，这个工时的制定标准，不只是看维修的实际施工时间，它包括维修施工的技术难度、故障的检查等因素，而且在维修过程中，从小到螺钉、大到车辆的每一个部位操作，均按整车生产厂的标准数据进行操作，可以保证您的车辆保持最佳的使用状态，进而延长车辆的使用寿命，因此还是建议您严格按照厂家要求，定期到4S店进行维护与保养。

2. 客户抱怨配件价格太贵

话术：你好，我店使用的都是原厂配件，所有配件均通过严格质量检查，可以使整车在运行中保持最佳状态，同时也可以延长车辆使用寿命。

3. 客户对维修方案持怀疑时

话术：这是我们联合几位经验丰富的技术骨干共同确定的维修方案，极具专业性。当然，您可以提出不同意见，我们一定会认真参考的。

4. 客户抱怨交车时间太晚

话术：非常抱歉，我们会在保证维修质量的前提下尽量缩短您的车辆在厂停滞时间，你看好吗？另外，我们建议您下次来店时能够提前预约，这样我们可以提前安排好一切，为您节省时间，好吗？

5. 客户抱怨："为什么你们各地区的服务中心的工时费不一样，有的便宜有的贵？"

话术：因为各地区的行业规定、物价水平不同，所以各地的工时也会略有不同。但请您放心，全国所有服务中心的工时收费标准都经过国家相关部门的严格审批。如您对账

单有疑问,可随时与我们联系,我们一定会给您一个满意的答复。

6. 客户抱怨:"上次我更换配件价格高,这次配件又降价了,回单位向领导无法交代,配件价格变化太快,总在变动,能不能不变?"

话术:配件价格下降是为了回馈广大车主对本产品的厚爱,节省车主们的用车成本。您的情况很特殊,如果有必要,我们可以出具相关说明给您的领导,您看如何?

7. 客户抱怨:"同样的配件,为什么在市场上也能买到,而且价格便宜?"

话术:为确保您能使用上优质纯正的售后服务配件,我们店所有的零配件采购都达到国家标准,而市场上的配件来自不同渠道,质量和使用安全得不到保证。同时,您在我们这里更换的配件享有 1 年或 20 000km(先达为准)索赔期保证。安全和高品质是我们对每一位客户的承诺。

制 单 演 练

情境:根据一张已制好的工单,演练如何向客户进行服务说明并完成制单流程中后续的工作。

工具及设备要求:笔、维修工单和用于模拟休息区的桌椅。

演练要求:5~6 人一个大组,每个组推选一名组长。以组为单位,组长带领组员进行演练。每次演练一人扮演服务顾问,一人扮演客户,一人扮演休息室服务员。其他组员认真观察演练过程,在这小组同学演练结束后点评其演练过程中的错误与不足之处。之后进行角色轮换,每位同学都需扮演服务顾问进行演练。

考核标准:对每组学生的演练情况,从以下几个方面进行考核评定。

(1)服务顾问是否详细、清楚地向顾客进行服务说明。(30分)

(2)服务顾问是否引导客户在维修工单上签字确认。(10分)

(3)服务顾问是否询问客户在场等待或离开。(10分)

(4)服务顾问是否向客户介绍休息区情况。(10分)

(5)服务顾问与顾客交流过程中用语是否规范、语速是否得当、行为是否规范。(20分)

(6)小组成员间配合是否默契。(20分)

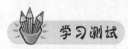

一、选择题

1.当客户对某一给定的维修费提出异议时,以下( )

　　A. 对客户给予打折优惠

　　B. 为下一次来维修进行重新计划

　　C. 解释一下原因和维修费用的构成

　　D. 立刻从维修单中去掉有异议的费用

2. 与客户商定维修项目后,服务顾问一般应将以下( )内容填入"委托书"。
   A. 维修项目与内容　　　　　　B. 维修费用
   C. 交车时间　　　　　　　　　D. 以上都是

二、填空题
1. 制定工单时需预估_____和_____。
2. 向客户进行维修费用的说明,应按照_____的原则。
3. 如是预约客户,服务顾问需从系统中查询相关的_____,直接生成委托书,并与客户核实。
4. 待确认客户完全理解了维修委托书的内容并无异议后,应引导客户在《维修任务委托书》上_____,完成授权。

三、简答题
1. 简述制订维修任务委托书的流程。
2. 预估交车时间应考虑哪些因素?
3. 通过网络查找上海大众常用配件价格表和维修保养工时费价格表,估算2013款朗逸35 000km保养的费用。
4. 张某的一辆某品牌轿车,因车子故障前去汽车维修企业进行维修。经检测其故障的主要原因是发动机水泵损坏,需要更换,冷却液也低于极限,需要补给或更换。已知:工时单价为50元,更换水泵的工时定额为2小时,更换冷却液的工时定额为0.5小时;水泵价格为120元,冷却液价格为80元。试计算张某需要支付多少维修费用。

任务五　车辆维修

学习目标

(1) 描述派工流程和派工方法。
(2) 描述车辆维修期间服务顾问的工作内容。
(3) 处理维修中的增项和延时。

与客户签订好维修任务委托书后,将进入车辆维修环节。车辆维修是车间人员维修车辆的过程,通过合理的派工和规范的维修作业,管控维修进度,保证准时交车,展现车间生产效率。同时此过程中要随时监控车辆维修的变化,如与委托书不符及时协调各方,并及时与客户协商达成一致。

车辆维修工作包括车间派工和车辆维修施工两个工作步骤。

一、车间派工

客户来店的首要期望是把车辆问题解决,然后是感受到其他的附加服务体验与售后关爱。因此,服务顾问在安排客户休息后,要立即开始派工工作,保证车辆按时交付,使客户满意。派工流程如图 2-17 所示。

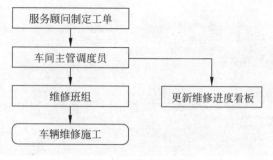

图 2-17　派工流程图

1. 派工流程

(1) 服务顾问与车间主管或调度员交接

服务顾问将车辆开至待修区,将车辆钥匙(钥匙上应带有车辆识别卡)、预约单、预检单、维修任务委托书等夹在一起交给车间主管或调度员,并说明作业内容、交车时间以及其他注意事项,如图 2-18 所示。

图 2-18　服务顾问与车间主管交接

(2) 车间主管或调度员向班组长派工

车间主管或调度员向班组长派工,派工时应向班组长说明作业内容、到场时间等,并将车辆钥匙和施工单交给班组长,如图 2-19 所示。

(3) 车间主管或调度员更新维修进度看板

派工后,车间主管或调度员应在维修进度看板上标注技师维修工位,填写作业内容、开工时间和计完工时间。并注意跟踪维修进度,如有延误的可能,应及时通知服务顾问,并更新维修进度看板。

2. 派工的方法

车间主管或调度员派工时,应综合考虑派工优先度、作业难度、客户提车时间、各班组技术水平、车间作业能力等因素。

图 2-19 车间主管向班组长派工

(1) 判断是否属于优先工作

以下三种情况优先派工,未预约客户按照先到先修的原则进行派工。

① 与产品活动有关的工作,如公司统一组织的车辆召回。

② 返修工作。

③ 预约回厂服务工作。

(2) 确定工种

根据维修任务委托书上的维修项目确定维修工作类别。根据修理类别进行派工,区分快修和一般修理,确定是哪类班组(钣金、喷漆、机电)进行作业。

(3) 判定工作难度

根据维修任务委托书上的维修项目判断作业工作难度,考虑相应工种维修班组技师的技术水平和空闲时间进行派工。

(4) 了解客户的提车时间

把按时交车作为派工考虑的重点之一。根据客户同意的交车时间和工作时间安排工作,确保按时交车。

(5) 平衡派工

车间主管或调度员要确保维修任务分配均衡。掌握各维修班组可利用的维修工作时间,保证均衡安排工作,不应出现同工种不同班组工作量差异过大现象。可按班组排序进行每天第一轮派工,班组排序每天滚动变化。

3. 派工的注意事项

(1) 根据"一人一工单"制度进行派工,确保每次只给每位技师派一张工单。

(2) 给每个维修班组的每项作业前,流出 15 分钟的富余时间,以备可能超时。

(3) 尽量将较复杂的维修工作安排在中午之前,以便获得较多时间在当天完成车辆交付。

二、车辆维修施工

车辆维修施工工作流程如图 2-20 所示。

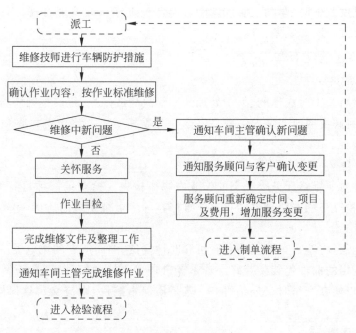

图 2-20 车辆维修施工工作流程

1. 车辆防护

涉及发动机舱的检查,需要在发动机罩的前、左、右三面放置保护罩,以免划伤车身油漆,如图 2-21 所示。

2. 确认作业内容

审阅维修任务委托书所列工作内容,明确工作任务,如有疑问立即与车间主管及服务顾问沟通。在维修任务委托书上填写作业的开始时间,通知库房零件出库。

3. 服务变更

在车辆维修过程中,当发现车辆的维修项目、完工时间和使用备件发生变化时,需立即向车间主管或调度员报告,车间主管或调度员通知服务顾问与客户确认变更。在检查中发现的问题尽量一次告知客户,避免反复通知客户,使客户对维修技师的技术能力产生怀疑。

图 2-21 安装翼子板三件套

服务顾问应向客户解释变更的原因、维修费用及交车时间的变化等内容。若是因为服务站的原因而导致延迟交车,服务顾问应向客户就延迟交车道歉并解释原因。

若客户同意变更,则更新维修任务委托书。所有客户认可的变更须以追加维修任务委托书的形式完成,对于客户拒绝的服务变更应由服务顾问在维修任务委托书上标注,并请客户签字确认。需要注意的是,若客户没有在场等待,应致电客户询问客户的意见,等客户来店时再在维修任务委托书上补充签字。

当维修进度改变时,车间主管或调度员应调整维修作业管理看板。当追加维修项目时,须通知备件经理,确认备件库存。

4. 完工检查、信息反馈

(1) 关怀服务

对于无材料及工时成本的、易于处理的车辆故障或隐患,维修技师应给予免费的额外小修,并随时将解决或改善情况记载在维修任务委托书上。将免费检查项目表上作业内容逐一细致检查。

(2) 作业自检

维修技师对照维修任务委托书的作业内容作检查。检查维修项目有无遗漏、确认故障是否消除、检查车辆安全部件的状况。维修技师应重视修理的质量,落实"一次修好"。

(3) 整理工作

若拆卸电瓶,将客户车辆上的收音机和时钟复位,关闭所有的用电设备。将更换下来的旧备件用指定的旧件包装袋装好。若是客户自费更换的旧件,放置于客户车辆的后备厢或规定处,以便在交车时交还给客户;若是质保索赔件,则应交付给保修员,以便日后保修件归还。

(4) 信息反馈

完成维修作业后,在维修任务委托书上填写故障原因、措施内容以及最终结果。同时把在维修中维修技师关注的、未在维修任务委托书中反应的问题的建议、车辆使用建议等也一并记录在维修任务委托书上并签字确认。

5. 完成维修作业

将车辆停放至待检停车位,将维修任务委托书等表单及车辆钥匙交给车间主管,通知完工质检。

车辆维修施工的注意事项:

(1) 如机油液体和油脂类落在车上时,维修技师本人需当场清洁干净。工作中要以工具不落地、零件不落地和油水不落地"三不落地"为原则。

(2) 严格按照维修工单的维修项目进行维修。维修作业必须依据维修手册,按正确的作业顺序,正确地使用工具。

(3) 任何对工单的修改需经过客户的同意。发现工单维修项目与实际不符或发现客户没发现的问题,及时向车间主管汇报。

(4) 作业过程中,如果发现作业无法在预定时间内完工,须提前20分钟通知车间。

(5) 作业过程中,发现有问题或追加项目,维修技师在5分钟内通知车间调度(或车间主管),车间调度5分钟内对车辆是否维修进行确认。如果需要,车间调度在2分钟内通知服务顾问与客户进行确认。

三、车辆维修期间服务顾问的工作内容

1. 跟进车辆的维修进度

在车辆维修过程中,服务顾问要跟进车辆的维修进度,确保按计划准时交车。这个过

程可以通过管理看板来完成,或到车间查询车辆维修进度。询问时间一般定在维修预计工期进行到70%～80%时。服务顾问应能迅速答复客户关于其车辆的维修进度情况。

在车辆维修期间,服务顾问应和在休息区等候的客户进行1～3次沟通,告知客户最新的进展情况及服务安排的变动。

2. 处理服务变更

(1) 维修进度发生变化时,维修技师必须及时报告车间主管及服务顾问,以便服务顾问及时与客户联系,取得客户谅解或认可。

(2) 维修项目发生变化时——追加维修项目的处理。

服务顾问接到车间关于追加维修项目的信息后,应立即与客户进行联系,征求对方对增项维修的意见。同时,应告知客户由增项引起的工期延期。得到客户明确答复后,立即转达到车间。如客户不同意追加维修项目,服务顾问即可口头通知车间并记录通知时间和车间受话人;如同意追加,即变更维修服务委托书,填列追加维修项目内容,立即交车间主管或调度员,并记录交单时间。

四、常用话术

1. 追加维修项目

(1) 工作要求:咨询客户时,要礼貌,说明追加项目时,要从技术上做好解释工作,事关安全时要特别强调利害关系。不可强求客户,应当尊重客户选择。

(2) 通用话术。

×××先生(小姐),您好。我们在保养(维修)过程中发现您的爱车×××零件需要更换(说明具体更换原因,例如轮胎更换,要拿出具体测量数值),建议进行更换,×××零件价格为×××元,更换工时费×××元。

① (若客户同意更换)此次保养增加此零件后材料费共计×××元,工时费共计×××元,一共×××元。因为追加了项目,时间可能要延后××分钟,大概××点××分可以交车。如果您没有什么疑问,请您在这里签字。

② (若客户不同意更换,请解释不更换可能会造成的后果,客户确认不更换后,在工单上注明客户不同意更换)请您在这里签字确认。

(3) 案例。

张先生的爱车在维修过程中,技师发现刹车片磨损严重,需要更换。

SA:张先生,您好,您的车辆还在维修,车间经理反馈,您的爱车刹车片已经磨损得很薄了,建议您这次更换,这样可以减少刹车距离,确保行车安全,同时也保护刹车盘。

客户:必须要换吗?

SA:如果现在不换也可以,但是会给您的行车安全造成隐患,所以还是建议您尽早更换。

客户:那好吧。

SA:刹车片是288元,工时费是100元,总共388元。因为追加了项目,交车时间可能要延后10分钟,您看可以吗?

客户：可以。

SA：那我去打印一份新的工单，再来给您签字。

SA：张先生，您好，这是新增维修项目的工单。您看如果没有什么疑问，请在这里签字。

SA：非常感谢您的配合，完工后第一时间我会通知您取车，请您再稍等一下。

2. 维修延时的解释

维修技师应尽一切努力使车辆在约定的完工时间完工，如果不能按时完工，应及时提醒服务顾问。

（1）工作要求：详细说明原因并道歉；客户有抱怨时，要冷静对待。

（2）案例。

客户：怎么我的车还没有修好，时间都到了，我很忙的！

处理策略：先向客户道歉、安抚客户情绪，然后立即去车间了解当前的维修进度，告知客户维修情况及采取的措施。

SA：×××先生（女士），非常抱歉，由于目前是维修保养高峰期，请您再耐心等待一会儿，我们的维修技师一定会尽快完成您爱车的维修工作。我现在立即去车间为您进一步了解车辆的维修进度，请您稍等。

SA：×××先生（女士），我已去车间详细询问了您车辆的维修进度，目前车辆已完成维修，马上进行质检环节，再过××分钟我们将为您的爱车做免费清洗。我再给您添点饮料，请再稍坐一会儿。等车辆清洗完之后，我会第一时间通知您去验车，好吗？

3. 客户关怀话术

客户在休息区等待时，服务顾问应到休息区对客户进行关怀服务，了解客户的需求、告知客户其车辆的维修进度情况，可参考以下话术。

×××先生（女士），您好，您的车辆还在维修，根据和您约定的交车时间，现在的维修进程正在有条不紊地进行，如果没有其他的问题，将按照约定的时间将车交还给您。

请问在等待时，您觉得休息室的环境是否舒适？空调的温度适宜吗？您是否还有其他的需求？或者您是否对我们的其他产品有了解的兴趣呢？

感谢您的等待，我会在交车前××分钟，再次告知您爱车的维修进程。请再稍等一会儿。

×××先生（女士），您好，我刚才进车间和维修技师已经核实完毕，您的车辆按照约定的交车时间，已基本完工，现在马上进行最后的洗车步骤，请问您是否还有其他的疑问？洗车结束后，状态看板会出现滚动字幕提醒，我也会通知您。

小莫是某汽车维修企业的维修接待员，有比较丰富的经验。一天下午她接待了一辆事故车维修。该车因追尾造成前保险杠损坏前来报修。由于客户购买了保险，而此事故判定属于保险索赔范围，因此小莫与公司的保险索赔专员小陈共同接待了客户。当客户

问什么时间能取车时,小陈想当然地说"明天上午"。而小莫作为经常负责车辆维修跟进的维修接待员,根据她的经验判断,交车时间乐观估计至少也要到后天上午。于是小莫马上对客户说:"不行,这种维修至少到后天上午。"客户说:"那我后天上午10点一定要取车。"这时客户心里就对小莫感到不满,感觉是她对自己不热心,服务不好,这为后续的沟通埋下了隐患。

这辆车进厂维修的保险理赔手续由保险索赔专员小陈办理,而车辆维修具体事宜由维修接待员小莫办理。该车需要对前保险杠进行钣金修理及喷漆。办理完接待手续后,该车便进入车间维修。第二天中午,当小莫到车间巡查车辆维修进度时,发现该车完成了钣金修理后便停放在一边,于是就与喷漆师傅联系,告知该车已经答应客户第三天上午取车。喷漆师傅表示保证能按时交车。

第三天早上刚上班,小莫到车间一看,车子还放在那里,喷漆工序还未开始,所以小莫心里非常着急,同时也感到非常气愤,便向自己的主管反映车间维修进度无法保证的事情。于是维修接待主管便与车间主管一起来到车旁向喷漆师傅要求其马上进行喷漆,而喷漆师傅反映前台接待的车辆要求赶进度的太多,每位维修技师接的车辆都赶到一起,承诺客户时根本没有考虑喷漆车间的工作负荷,他也是没有办法,只能尽力而为。看在主管的面子上,只能马上将其他车辆的喷漆作业停下来,给这台车做前保险杠喷漆,但上午交车肯定做不到。于是,小莫便准备与客户联系,但客户以为上午10点就能取车,所以已经提前到来。当客户得知上午取不到车时,本来就对小莫有成见的客户火冒三丈,在接待大厅便吵了起来。最后是小莫又答应客户帮他把其他部位也修补一下,客户才安静下来。这辆车是在第三天的下午4点交车的。

从这个案例中,你得到了什么启发?说说你的看法。

维修增项的演练

情境1:顾客王先生的捷达车在维修过程中检查出后两轮刹车片磨损严重,需要更换一副。服务顾问该如何处理呢?

情境2:顾客李小姐的CC车在维修过程中检查出雨刮片磨损严重,建议更换。服务顾问该如何处理呢?

工具及设备要求:笔、维修工单、硬板夹子。

演练要求:5~6人一组,每组推选一名组长。以组为单位,组长带领组员参考情境进行演练。每次演练一人扮演服务顾问,一人扮演客户,其他组员认真观察演练过程,在这两位同学演练结束后点评其演练过程中的错误与不足之处。之后进行角色轮换,以便每个人都有机会扮演服务顾问的角色。

考核标准:对每组的演练情况,从以下几个方面进行考核评定。

(1) 服务顾问与顾客交流过程中用语是否规范、语速是否得当、行为是否规范。(20分)

(2)服务顾问是否详细地向客户说明维修增项的原因和由此带来维修费用和交车时间的变化。(40分)

(3)维修工单上是否有取得客户的签字授权。(20分)

(4)小组成员间配合是否默契。(20分)

 学习测试

一、选择题

1. 以下( )情况发生时,服务顾问需要马上联系客户。
   A. 维修技师检查出额外的故障时　　B. 根据工作情况安排维修技师时
   C. 维修技师照常进行维修时　　　　D. 举行圆桌会议讨论试车结论时

2. 客户拒绝某项必要维修,服务顾问应采取( )方法进行处理。
   A. 在结算单上注明,并请客户签字确认
   B. 告知客户该项目的必要性后直接施工
   C. 接受客户意见,完成原有项目即可
   D. 请维修技师说服客户

3. 汽车维修更换下来的索赔旧件在该工位作业完成后应及时交给( ),由其进行统一管理。
   A. 客户　　　　B. 维修接待员　　　　C. 索赔员　　　　D. 库房管理员

4. 服务顾问需要跟进车辆的维修进度,可以通过管理看板或到车间查询车辆维修进度,询问时间一般定在维修预计工期进行到( )时。
   A. 50%　　　　B. 20%～30%　　　　C. 70%～80%　　　　D. 90%

5. 以下( )派工优先度级别最低。
   A. 保修客户　　　B. 返修客户　　　C. 预约回厂客户　　　D. 未预约客户

二、判断题

1. 客户的车辆从修理开始,到最终完成这个过程,应全部由车间人员负责,服务顾问可以不参与。( )

2. 为了节省时间,需要进行某些小修时可以先修理再通知客户。( )

3. 涉及发动机舱的检查,需要在发动机罩的前、左、右三面放置保护罩,以免划伤车身油漆。( )

三、简答题

1. 在车辆维修施工中,服务顾问具体需要做哪些工作?

2. 以下场景中,您觉得哪位服务顾问的说法更容易获得客户同意?为什么?
服务顾问甲:我们发现您的车辆刹车片磨损比较严重,应该早日更换了。
服务顾问乙:我们发现您的车辆刹车片磨损比较严重,实际检测值是2.1mm,接近更换标准值2.0mm,为了您的行车安全我们建议您更换。

3. 简述派工的流程及工作要素。

任务六 维修质量检验

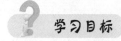

(1) 描述维修质量检验工作流程。
(2) 描述检验工作的内容。

车辆完成维修后,需要经过多道质量检验环节,即维修技师自检、班组长的检验和质检员的检验三级质检,才能将车辆由车间移交到服务顾问手中。

一、维修质量检验的目的

调查发现,一项客观存在的产品缺陷,如果在生产中被发现需 10 元的成本补救,出厂检验时发现需 100 元的成本补救,而在客户手中被发现需 1000 元的成本补救,即 10 倍放大原则,如图 2-22 所示。可见,为减少损失,企业应建立严格的质量检验制度,尽可能及早发现问题,把好质量关,保证交到客户手中产品的质量。

客户对售后服务站的信任建立在产品质量基础上,若客户发现车辆没修好,客户将对售后服务站失去信任,引起客户投诉甚至造成客户流失。另外,处理返修将增加售后服务站的人力和物力损耗。维修质量检验的目的是确保完成所有维修项目,保证维修质量和一次性修复车辆,避免出现返修或返修最小化。

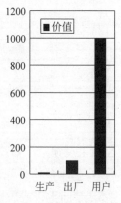

图 2-22 10 倍原则

二、维修质量检验工作流程

维修质量检验工作流程如图 2-23 所示。

三、具体步骤及工作要求

1. 维修技师自检

维修技师检查客户要求的服务内容是否全部完成,确认车内和发动机舱内无遗留物品。尤其应细致地复检维修作业项目,看看是否存在问题。如果有问题,并且将影响到交车时间、维修项目及费用,必须及时反馈给服务顾问。完成检验后,在维修任务委托书上签字,然后将维修任务委托书、更换的备件(随车)、车钥匙交给本班组的班组长。

2. 班组长检验(互检)

班组长按规定对完成的维修项目进行检验,并核对有无遗漏的项目。对于重要修理、安全性能方面的修理、返修等应优先检验。当发现有问题时,必须采取措施进行纠正。将

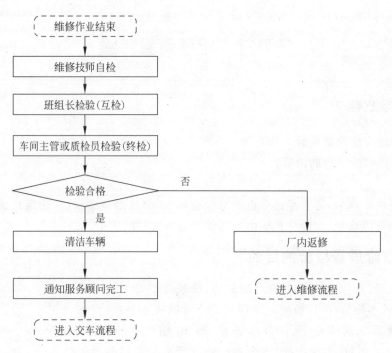

图 2-23　维修质量检验工作流程

检验结果反馈给维修技师,以提高维修技师的技术水平,避免再次出现同样的问题。完成检验后,在维修任务委托书上签字。

3. 车间主管或质检员检验(终检)

按照维修任务委托书指示的每项维修项目进行检查,逐一核实维修任务委托书作业内容是否全部完工,每个完工的维修项目都要完全符合厂家要求的技术规范和要求,如有必要应动检试车确认。检查安装是否有遗漏或错误,紧固件是否完全紧固,车辆油液是否充足。

重新确认维修任务委托书的记载有无错误。若维修技师填写的维修任务委托书的内容不完全,则要求修改。将检查结果的内容记录在维修任务委托书上并签名。

4. 厂内返修

如果班组长、车间主管或质检员质检中发现维修作业有误或完工的维修项目不符合维修技术标准,则需要安排返修,给出返修原因及维修指令。因返修而造成交车时间的延迟,应立即通知服务顾问。服务顾问与客户联系,争取客户的谅解。车间主管或质检员将每天发生的返修记录上报服务站长。

5. 清洁车辆

车辆经质量检验合格后,应该将车内外进行必要的清洁,以保证车辆交付给客户时维修完好、内外整洁。由车间主管或质检员将车钥匙交给洗车工清洗。

车辆清洗时应注意清洁用品的干净,避免划伤漆面,清洗部位包括车身外观、车厢内部和涉及作业部位,尤其是前后灯壳、左右后视镜、前脸、引擎盖、全车玻璃、门把手、钢圈、烟灰缸、地毯、玻璃窗以及仪表盘等部位的污垢、灰尘都要清理干净。车辆清洗后应做到车上无水珠、无指纹，条件许可下可简单美容、上蜡。

6. 质检员移交车辆

质检员首先检查车辆清洁美容质量。若合格，则将车辆开至竣工交车区，如图 2-24 所示，车头朝外停放，方便客户驾车离开。然后将维修文件和车钥匙交给服务顾问，向服务顾问移交完工车辆，如图 2-25 所示。

图 2-24 竣工交车区

图 2-25 质检员向服务顾问移交车钥匙和维修文件

四、维修质量检验的关键行为

（1）根据维修任务委托书逐项检查，确保委托书中所列及的项目都已经完成，包括客户提出的一些免费检查项目。

（2）内部做好自检、互检与终检，将问题控制在内部。

（3）自检、互检、终检做好签字确认，保证可以追溯责任源。

（4）确认是否有工具、维修耗材、螺钉等遗漏在车内，旧件是否已经放在规定位置。

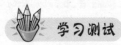

一、填空题

1. 车辆维修后,需要经过"三检"才能交付给客户,"三检"是指_____、_____和_____。
2. 维修技师对照维修任务委托书检查客户要求的所有维修项目是否已完成,检查完成后应在维修任务委托书上_____。
3. 维修质量检查还包括检查发动机舱内和车内有无遗漏_____。

二、选择题

1. 维修质量检验的目的是(　　)。
   A. 严格控制返修　　　　　　　B. 保证维修质量,提高客户满意度
   C. 降低返修率　　　　　　　　D. 以上都是
2. 车辆竣工停放时,车头应朝(　　)方向停放。
   A. 进厂　　　　　　　　　　　B. 出厂
   C. 车间内部　　　　　　　　　D. 无所谓
3. 承担维修质量检验终检任务的是(　　)。
   A. 服务顾问　　　　　　　　　B. 车间主管或质检员
   C. 维修技师　　　　　　　　　D. 班组长

任务七　交　　车

学习目标

(1) 描述交车工作流程。
(2) 描述服务顾问自检的内容。
(3) 规范地完成车辆交付工作。

当客户来提取车辆时,此时客户心中的期待是最高的,维修好的车辆是否如承诺的那样。服务顾问应以最大透明度向客户清楚、完整地展示车辆维修的情况,使客户清楚地感受到维修的效果,让客户感觉到物有所值。这样做也会使客户因此而对服务顾问及售后服务站产生信任,无形中培养客户的忠诚度,为客户下次来店创造了机会。

一、交车工作流程

车辆维修质量检验完毕后,就到了结算交车工作,此工作由服务顾问负责完成,这也是服务顾问与客户接触的最后机会。交车工作流程如图 2-26 所示。

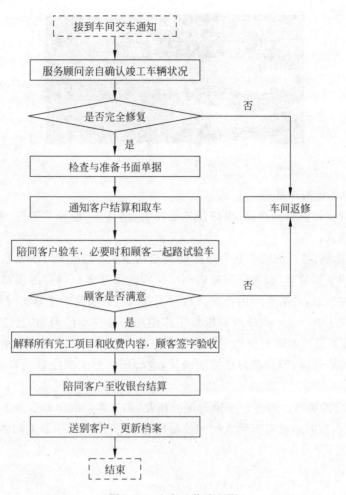

图 2-26 交车工作流程图

二、具体步骤及工作要求

1. 交车前准备

（1）检查竣工车辆

① 确认已完成所有维修内容，确认故障已经修复。对于返修工作，要特别注意确定是否已真正解决了返修的问题。

② 绕车检查一圈，确认车身无新的划痕，车辆内外已按标准清洗干净，如图 2-27 所示。

③ 确保车辆的设定恢复到客户原先设定的状态：时钟、收音机复位，座椅和后视镜复原，车内音响和空调等已关闭。

④ 检查确认客户自费更换的旧件是否已经放在规定位置，并确保旧件包装无污染；核对是否在约定时间交车。

图 2-27　车身外观及清洁情况检查

（2）书面单据检查与准备

交车所需的文件资料和单据（维修任务委托书、结算单、保养手册等）提前准备齐全，只等客户签字确认。

① 打印结算单、核对维修价格。服务顾问使用主机厂提供的 DMS 系统打印统一的结算单。在打印结算单时，服务顾问需要确认所有的需要客户付费的项目都已经列在结算单上。打印完成后，对结算单内容进行核对。确认所有实施的维修工时均列明，并且与预先告知客户的工时一致；确认所有维修工作使用的备件均已列明，且价格与预先告知客户的一致；核算最后的维修价格与维修估价是否一致。如果前期由于估价错误导致预估价高于实际维修价格，即使客户已签字确认，也必须按照实际维修内容进行更改，保证诚信经营。

② 保养手册的填写。若客户车辆为保养作业，则在客户的保养手册上填写本次的保养信息、下次保养的时间及对车辆维护和使用的建议，并在保养手册上加盖售后服务站的售后服务章。

2. 通知客户

对于不在现场等待的客户，电话通知客户，确定交车时间、付款方式；对于在现场等待的客户，前往客户休息室，通知客户验收竣工车辆。

3. 陪同客户验车

在这个步骤中，服务顾问要向客户展示所做的全部维修工作。主要工作内容如下。

（1）引导客户前往交车车位，陪同客户进行验收接车。可能情况下，请客户亲自检查维修部位，对维修结果进行确认。对于特殊作业项目，须与客户同车试乘，共同确认。

（2）结合维修项目向客户展示旧件。自费备件应当面展示，清点后交回客户。更换的保修备件，可以不向客户展示，但应告知客户备件已更换。可以结合更换备件的状态，说明更换的必要性。

（3）提醒注意事项。提醒客户下次保养时间，积极向客户推荐预约，介绍预约的好处，确认回访时间并记录在工单上。

4. 费用解释

服务顾问需要对维修工作的费用向客户进行详细说明。结合工单，逐项解释结算单的工时和材料费，尽量使用客户听得懂的词汇，少使用专业术语，最后询问客户是否有疑问。在客户充分理解相关内容的前提下请客户在结算单上签字确认。结算单见表2-6。

表2-6 结算单

委托书号：　　　　　　　　　结算日期：　　　　　　　　　　　　　　　第　页

托修单位			车型		牌照号		进厂日期	
税号			电话		驾驶员		发票号码	
修理内容	工时费	备注	配用材料		数量	单价	合计	备注
应收工费		实收		税金	管理费	辅料费		另项费
应收材料		实收		包工费	施救费	其他		总计
大写								

地址：　　　　　　　　电话：　　　　　　开户：　　　　　　　　账号：
结算员：_____　　　客户签名：_____

在交车环节，客户对服务顾问的信任进一步加强，有些客户可能就会对价格和具体解释不太关注，当服务顾问请客户签字时，客户拿起笔就签字，但回家后仔细看结算单，发现与自己的理解有很大出入，认为自己受到了欺骗，从而对售后服务站不满，因此服务顾问必须保证客户确实理解的情况下，再请客户签字。

5. 陪同客户结账

在完成费用解释后，服务顾问陪同客户到收银台结账。将客户收费凭证和车辆钥匙、保养手册、行驶证等相关物品交还给客户。询问客户是否还需要其他服务。

6. 送别客户、更新档案

服务顾问引导客户至交车车位，当着客户面拆除防护"四件套"，为客户打开车门，送客户上车。在客户临行前，再次提醒下次保养时间，给客户留下名片，方便客户有需要时及时联系。最后，感谢客户光临，同客户道别，并祝客户平安驾驶，目送客户离开。

送别客户后，服务顾问还需在DMS系统中更新客户档案，整理客户本次维修保养相关的表单并归档。

三、车辆交付话术

1. 竣工通知——通知车辆已完成保养（维修）

（1）客户离店：电话通知

×××先生（女士），您好！我是接待您的×××，您的车辆×××（车牌号）已保养

(维修)完毕,如果方便的话现在可以过来取车,到时我会陪同您一起检查车辆。

(2)客户在店:当面通知

业务接待轻轻走到客户面前,弯腰以方便交流。

×××先生(女士),您好!让您久等了,我们已经在预定的时间内完成了对车辆的维修(保养),请您和我一块去检查车辆吧。

2. 展示保养成果

(1)打开发动机盖

发动机舱已清洁,雨刮、防冻液已添加到标准线,刹车油已添加,机油已更换,您看机油是新的,油量在上限。

(2)车外观检查

车外观完好没有新的划伤。

(3)打开尾箱

工具仍在,备胎已补充至要求气压。请问您还有其他问题吗?

3. 询问旧件处理方式

×××先生(女士),这是您车上更换下来的旧件,我们已经为您包装好了,请过目!
这是更换下来的旧件,请问您带走还是我们做环保处理?

4. 解释维修费用

请您到服务接待室就座,我向您说明本次服务内容及费用。

此次维修的项目是……,我们已经按照您的要求进行了更换以及检查,更换下来的旧件已经按照您的要求妥善处理好了,本次的维修费用一共是×××元。

第一项:×××元,工时费×××元,配件×××元。

……

您对此次维修还有什么问题吗?如果没有问题,请您在结算单的右下角签字确认。

5. 客户关怀——下次保养提醒和回访确认

提醒您车辆的下一次保养为×××km或×××时间,记得预约哦,我也会主动打电话提醒您。

×××先生(女士),根据您的用车情况,建议您下次保养汽车大约在××月××日或者行驶×××km,也希望您在行车过程中遇到任何问题随时联系我们,我们很愿意为您服务!

我们三天后会对本次维修(保养)和车辆使用情况进行电话回访,您什么时间方便接受回访?

6. 结算

我带您去收银处结账,这边请,请问您现金还是刷卡,是否开发票?

对收银说:"×××,这是我们尊贵的客户×××。"

7. 送别客户

×××先生(女士),非常高兴为您服务,也感谢您对我们服务中心的信任,祝您一路平安!

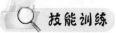 **技能训练**

车辆交付演练

两个不同案例的客户。

(1) 20 000km 定期保养的客户。

(2) 发动机熄火问题检修的客户。

工具及设备要求：整车、机油瓶和机油滤清器、维修工单和结算单、笔、保养手册、行驶证、用于模拟接待室和收银台的桌椅。

演练要求：5~6 人一组，每组推选一名组长。以组为单位，组长带领组员参考情境进行演练。每次演练一人扮演服务顾问，一人扮演客户，一人扮演质检员，一人扮演收银员。其他组员认真观察演练过程，在这个小组演练结束后点评其演练过程中的错误与不足之处。之后进行角色轮换，以便每个人都有机会扮演服务顾问的角色。

考核标准：对每组学生的演练情况，从以下几个方面进行考核评定。

(1) 交车流程是否熟练、规范、准确，遗漏一项扣 10 分。(60 分)

(2) 服务顾问与顾客交流过程中用语是否规范、语速是否得当、行为是否规范。(20 分)

(3) 小组成员间配合是否默契。(20 分)

 学习测试

一、选择题

1. 车间完成维修质检将工单交至前台后，作为服务顾问首先应进行下列（　　）项工作。

　　A. 立即致电车主告知可以取车　　　　B. 进行交车前检查

　　C. 请客户立即填写客户满意度调查表　　D. 立即叫客户买单

2. 车辆交付环节由（　　）负责完成。

　　A. 收银员　　　　　　　　　　　　　B. 质检员

　　C. 维修技师　　　　　　　　　　　　D. 服务顾问

3. 以下（　　）项不属于交车前的准备工作之一。

　　A. 绕车检查车身是否有新的划痕　　　B. 通知客户

　　C. 检查车辆的竣工情况　　　　　　　D. 打印结算单

二、判断题

1. 车辆竣工后，服务顾问无须请客户一起检查车辆，技术总监完成终检即可交付。

（　　）

2. 交车时如果服务顾问比较忙，维修技师可以直接带领客户到收银台结算费用。

（　　）

3. 服务顾问陪同客户验车时,应向客户详细地展示维修成果。若客户对维修成果不满意,则应安排返修。 (   )

4. 服务顾问在检查车辆竣工情况时,如果没有问题,则可直接拆除防护四件套。
(   )

5. 服务顾问送别客户后,车辆交付环节的工作就全部完成了。 (   )

三、简答题

1. 在车辆交付环节,服务顾问应做哪些工作?
2. 你认为车辆交付环节重要吗?为什么?

任务八 客户回访

学习目标

(1) 描述客户回访的目的。
(2) 描述客户回访的流程和工作要点。
(3) 规范地完成客户回访工作。

当交车结束,客户离店后,服务顾问的服务工作仍然没有结束,还需要对客户进行回访。客户回访是售后服务接待流程的最后一个环节,是企业与客户接触沟通和交流的重要环节。汽车维修服务的宗旨是让客户满意,客户回访工作也是增加客户满意的一个重要环节。因此服务顾问应掌握客户回访的方法,同时维系好企业与客户的关系。

一、客户回访的目的

对于企业而言,客户是非常重要的经营资源。在客户维修车辆后的几天内,对客户进行回访,了解客户对维修过程的满意程度,查找我们在服务中的失误和问题产生的原因,减少或消除客户的误解、抱怨,提升服务质量,提高客户满意度,同时通过与客户的交流,增进与客户的感情,从而与客户建立更牢固的关系,以增加客户的忠诚度。

二、回访的方式和对象

较大的汽车售后服务站由专职的信息回访员来负责回访工作,较小的汽车售后服务站由服务顾问来做这项工作。可以通过电话回访和问卷回访的方式进行回访。根据客户的要求选择不同的回访形式,大部分都是以电话回访为主。

除了近几天在售后服务站进行过维修保养的客户要进行回访外,还有一类客户也要进行回访,那就是超过一定时间(比如6个月)未来售后服务站维修保养过的客户。对于

第一类回访的客户,回访的侧重点在于了解客户在售后服务站的感受和维修质量等方面;而对于第二类客户,回访的侧重点在于了解客户为什么很长时间没有来店里维修保养,从而找出客户流失的原因。接受回访的客户应该是直接接受了售后服务站维修服务的人员,或者是车辆的实际车主。下面介绍的客户回访的内容都是针对第一类客户。

三、客户回访流程及工作要求

汽车售后服务站应在交车后 3 日内对客户进行跟踪回访,了解客户对维修质量和服务质量的满意度情况,并记录于《3DC 回访记录表》中,《3DC 回访记录表》模板见表 2-7。客户回访工作包括四个步骤:准备工作、回访实施、回访信息反馈和服务总结,各步骤的具体工作如下。

1. 准备工作

(1) 确定回访的客户名单:从每天的维修任务委托书中或通过 DMS 系统挑选出需要回访的客户,准备好回访客户的档案,了解客户的维修保养信息。

(2) 准备好《3DC 回访记录表》,确定需要跟踪回访的问题,作好对应的回访话术准备。

2. 回访实施

(1) 回访实施的流程及要点

客户回访实施的流程如图 2-28 所示。

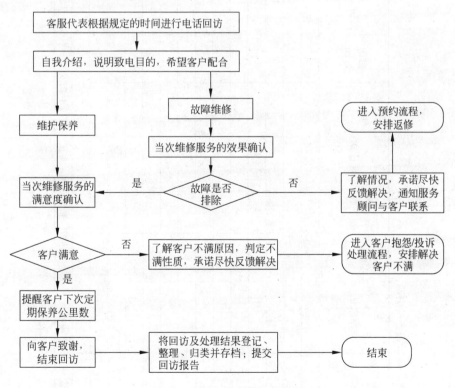

图 2-28 客户回访实施流程图

表 2-7　3DC 回访记录表

售后服务站编码：　　　　　　　　　　　　　　　　　售后服务站名称：

客户名称(送修人)	联系电话	车辆识别代码	公里数	维修日期	维修保养项目	回访日期	回访人	回访项目及内容						处理方案	备注
								服务态度	维修快捷程度	维修质量	维修价格	备件质量	备件价格	总体满意程度	意见		

说明：客户满意度评价分为五级：非常满意、满意、一般、不满意、非常不满意，对应分值分别为 10、7、5、3、0，回访项目及内容项中按客户评价分别填写。

服务站站长：　　　　　　　　　　　　　　　　　　　　　　　　　　　　年　月　日

从流程图中可以看出,根据客户的作业类别(保养、维修),回访的问题有所区别。若客户车辆为维修作业,则回访的内容多了一项——当次维修服务的故障确认,了解客户车辆的故障是否完全排除。

在此环节中,需要抓住两个要点:向客户传达的信息和从客户获取的信息。向客户传达的信息包括自我介绍(售后服务站和回访员姓名)、感谢客户在售后服务站接受的服务、本次电话访问的意图及大概需要的时间、下次定期保养提醒四个方面。从客户获取的信息包括维修保养后的车辆使用状况、客户对本次维修保养服务的满意度和调查客户的其他需求及建议三个方面。

(2) 回访中问题的处理

① 存在维修质量问题的处理——返修。

首先应立即向客户致歉,安抚客户的情绪,并承诺尽快将处理意见反馈给客户。客服经理应和车间主管负责制定处理意见及内部改进措施,并详细记录于维修后电话跟踪处理日报表。回访员必须在次日再次致歉客户,并向客户反馈处理意见,安排返修,填写《维修返工单》并转交给车间主管。如果客户对处理意见不满意,应再次讨论处理意见直至客户满意为止。对于发生维修质量问题的客户,应在返修后,再次进行客户回访。表 2-8 为维修返工单。

表 2-8 维修返工单

客户姓名		车辆型号		车牌号	
联系电话		VIN 码		行驶里程	
通讯地址					
上次维修时间		原服务顾问		原主修人	
本次维修时间		本次服务顾问		本次主修人	
上次维修项目					
本次返修项目					
返修原因	□配件质量问题　□维修技术问题 □维修责任心问题　□工作交接不清楚 □设备不良　□管理不良 □其他				
返修采取措施及处理结果					
技术经理签字:				日期:	

② 存在服务质量问题的处理——客户抱怨的处理。

回访员向客户询问具体情况，了解客户不满原因，判定不满性质，并应根据实际情况向客户致歉。对于较大抱怨的客户，回访员应填写《客户抱怨/投诉处理表》，并转呈给客服经理和服务经理及时处理。次日回访员须再次向客户致歉，并反馈处理意见给客户。对于重大抱怨的客户，在客户档案备注中标记为重点客户。表2-9为客户投诉/抱怨处理表。

表2-9 客户投诉/抱怨处理表

客户姓名		车辆型号		车牌号	
联系电话		VIN码		行驶里程	
通讯地址					
接听人			接听时间		
回访人			回访时间		
客户投诉内容					
处理方案					
处理人签字：				日期：	
处理结果					
领导意见					
服务经理签字：				日期：	

3. 回访信息反馈

回访员将客户回访的所有结果记录于《3DC回访记录表》中，每月编制服务回访统计分析月报并提交给服务经理，月报应包括：应回访客户数量、实际回访客户数量、回访成功率；未成功回访原因、数量和比例，包括拒访、电话错误、无法联系等；回访结果，包括满意客户的数量和比例；不满意客户的原因分析；客户反馈的建议与意见；客户投诉性质和比例；投诉处理结果等。

4. 服务总结

服务经理根据回访统计分析月报,定期举办专题会议讨论回访结果,处理相关责任人,总结经验教训,提出整改措施,定期检查落实情况,跟踪改善效果。

四、客户回访注意事项

(1) 使用规范语言,尽量避免使用方言,发音要自然、友善。不要讲话太快,一方面可以给没有准备的客户时间和机会回忆细节;另一方面避免客户觉得你很忙。

(2) 不要打断客户的讲话,记下客户的评语(批评、表扬)。

(3) 如果客户有抱怨,不要找借口搪塞,告诉客户你已记下他的意见,并让客户相信只要他愿意,有关人员会与他联系并解决问题。对客户的不合理要求进行恰当解释。

(4) 回访时,应进行定期保养提醒及提示客户可享受的预约服务。如果售后服务站近期有维修服务方面的优惠活动,应提示或推荐给客户。

(5) 回访调查问题内容及数量不要太多,以免引起客户抱怨。回访员及时将回访结果进行汇总、整理上报给服务经理,定期召开总结会议,提升客户满意度。

五、客户回访话术

1. 通用话术

(1) 自报家门:您好,这里是×××汽车×××(4S店)服务站×××(姓名(工号))。——让客户知晓对方,减少挂机现象。

(2) 确认对方:请问您是×××先生(女士)吗?(待对方确认后)

(3) 维修信息/回访确认:非常感谢×××先生(女士)选择×××服务站为您×××(车牌号的数字)车辆/爱车做了×××km的保养/×××维修,耽误您几分钟时间做个电话回访,请问您方便吗?(待对方允许后继续)——明确回访的目的是关心客户,消除抵触心理。

(4) 关心车况:出厂以后您觉得车辆的使用情况怎么样?(车辆里程不重点询问,但如客户反馈车辆问题,一定要再次询问(确认)里程。)

(5) 征求服务意见。

① 接待及时性/服务态度:上次进站是×××先生(女士)接待您,请问您对他的服务态度、接待及时性感觉还满意吗?

② 维修项目/费用解释情况:他(她)有没有针对本次的维修项目和费用为您做详细的解释?您感觉还满意吗/对他(她)的此项服务您如何评价呢?

③ 维修质量:对于本次的维修/保养质量,您感觉还满意吗?

④ 配件提供:本次维修配件提供的及时性您的满意程度如何?(只做保养,未涉及配件的更换,可以不询问此问题。)

(6) 结束语。

① 感谢提出意见:感谢您给我们提出的宝贵意见.我们将及时改进,今后会为您提供更好的服务。

② 感谢接受回访：非常感谢您接受我的回访，今后用车过程中如需帮助，请拨打×××服务站 24 小时服务热线：×××（电话），工作人员将竭诚为您服务。再见！

2. 范例

回访员：向先生，您好，我是广州春源红旗 4S 店的回访员雷林燕，4 月 24 日您的车子来店进行了保养，我们想就这方面的情况对您进行电话回访，可能要占用您几分钟的时间，请问您现在方便接受回访吗？

客户：方便。

回访员：请问车子进行保养后您对车子现在的行驶情况是否满意？

客户：以前保养后踩油门动力提升很快，这次保养后没这种感觉。

回访员：向先生，您反映的这种情况，我建议您回厂让我们的技师对您的爱车进行再次检查，请问您什么时间有空回厂？

客户：周六早上吧。

回访员：周六早上 10 点可以吗？

客户：好吧。

回访员：好的，我会把详细的信息通报给我们的服务顾问梁广文，他将准备好为您服务，到时候您可以直接找服务顾问梁广文。

客户：好吧。

回访员：向先生，还得占用您一点时间。请问您对上次保养的项目内容都了解吗？业务接待是否向您做了解释说明？

客户：了解。

回访员：请问您对业务接待的服务是否满意？

客户：满意。

回访员：请问您觉得我们店的工作还有哪方面需要改进的？

客户：没有。

回访员：好的，向先生，我想了解的就这么多，非常感谢您接受我们的电话回访，再见。

客户回访演练

回访客户信息见表 2-10。

工具及设备要求：回访记录表、客户信息单、笔。

演练要求：两人一组，一人扮演服务顾问呼出电话，一人扮演客户接听电话，进行电话回访。之后两人互换角色再次演练。

表 2-10　回访客户信息

序号	回访日期	客户姓名	车牌号	联系电话	维修日期	维修项目
1	2015.5.11	陈柏栩	粤 AA2×××	1392410××××	2015.5.8	30 000km 保养
2	2015.5.11	刘俊文	粤 AR7×××	1532661××××	2015.5.8	后保险杠喷漆
3	2015.5.11	王轩	粤 A52×××	1532661××××	2015.5.8	更换倒车雷达一套
4	2015.5.11	张丽	粤 AN5×××	1892411××××	2015.5.8	20 000km 保养

考核标准：对每组学生的演练情况，从以下几个方面进行考核评定。

（1）准备工作是否到位。（10 分）

（2）用语是否规范、语速是否得当。（20 分）

（3）是否准确地向客户传达和获取所需的信息。（50 分）

（4）回访信息是否记录完整。（20 分）

学习测试

一、填空题

1. 客户回访一般常用两种形式进行，一种是_____；另一种是_____。

2. 客户回访工作包括四个步骤：_____、回访实施、_____和_____。

3. 客户回访工作由_____负责完成。

二、选择题

1. 当客户提车离厂后，汽车售后服务站应在（　　）日之内进行跟踪回访。

　　A. 2　　　　　　B. 3　　　　　　C. 4　　　　　　D. 5

2. 以下（　　）选项不是回访中回访员应从客户那里获取的信息。

　　A. 维修保养后的车辆使用状况

　　B. 客户对本次维修保养服务的满意度

　　C. 客户的用车习惯

　　D. 调查客户的其他需求及建议

3. 在回访中，客户反映车辆维修质量存在问题，应采取（　　）措施进行解决。

　　A. 向客户承诺下次来店时让维修技师免费检查

　　B. 找借口搪塞

　　C. 安排返修

　　D. 给客户提供一些优惠条件

三、简答题

1. 客户回访的目的是什么？

2. 简述客户回访实施的流程和要点。

任务九　汽车售后服务接待综合实训

一、实训目的

通过实训,模拟演练汽车售后服务接待完整流程,使学生进一步熟悉接待流程及各环节的工作要点,培养学生应用规范的礼仪和用语进行接待作业的能力,培养学生团队合作的能力。

二、实训工具、仪器及设备

整车、接待室、休息室、收银台、机油和机油格、防护三件套、单据(预检单、维修任务委托书和结算单)、保养手册等。

三、资讯收集

汽车售后服务接待流程各步骤工作要点见表2-11。

表2-11　汽车售后服务接待流程各步骤工作要点

序号	步骤	工作要点
1	接待	(1) 主动出迎,引导客户停车。 (2) 为客户开启车门,问候并自我介绍。 (3) 已预约客户:确认客户姓名和需求。 (4) 未预约客户:了解客户需求,询问客户姓名。 (5) 索要保养手册。
2	问诊	**环车检查:** (1) 贵重物品带走提醒。 (2) 铺好防护三件套。 (3) 登记车辆行驶里程、油表等信息。 (4) 查看车辆外观情况并记录。 对于无法确诊的车辆故障问题,先认真倾听客户的描述,后采用5W1H方法进行问诊,在问诊单上做好详细地记录。
3	制订工单	(1) 确认或登记车辆、客户信息。 (2) 确认维修项目。 (3) 预估维修费用和完工时间。 (4) 询问旧件处理方式。 (5) 生成维修工单,解释工单上内容,并引导客户签字。 (6) 询问客户是否在场等待,若在场等待,则引导客户到休息室休息。

续表

序号	步骤	工作要点
4	车辆维修	(1) 派工：SA将车辆开至待修车位，将维修工单、车辆钥匙移交给质检员，并应向质检员说明作业内容、交车时间等。 (2) 客户关怀：SA应和在休息区等候的客户进行一到三次沟通，告知客户最新的进展情况和服务安排的变动。
5	维修质量检验	**SA自检：** (1) 检查所有的维修项目是否已完成，故障是否排除。 (2) 检查收音机、时钟是否复位。 (3) 检查车内、发动机舱是否遗留其他物品。 (4) 检查车辆的外观是否与接车时一致。 (5) 检查车辆的清洁情况。 (6) 检查旧件是否已按客户要求的方式进行处理。
6	结算与接车	(1) 通知客车，带客户验车。 (2) 依据结算单逐项进行维修费用的解释，引导客户签字。 (3) 提醒下次保养时间。 (4) 告知回访事项，确认回访时间。 (5) 交还保养手册、车钥匙。 (6) 陪同客户结账。 (7) 送别客户。 (8) 取走三件套。 (9) 告知24小时热线电话。

四、实训内容

1. 场景

服务顾问接待来店进行10 000km保养的预约客户。

2. 实训要求

(1) 5～6人一组。

(2) 角色安排：小组成员分别扮演SA、客户、客休室工作人员、收银员、质检员等角色。

五、评分标准

汽车售后服务接待考核评价见表2-12。

表 2-12 汽车售后服务接待考核评价表

班级：　　　　组别：　　　　组员：

序号	考核内容	考核项目		分值	得分	备注
1	服务顾问用语和仪表的规范性(20分)	用语是否规范、语速是否得当		10		
		行为是否规范		10		
2	服务流程的熟练与准确性(60分)	(1) 接待	主动出迎,引导用车停车	2		
			为客户开启车门,问候并自我介绍	2		
			确认客户姓名和需求	2		
			索要保养手册	2		
		(2) 问诊	贵重物品带走提醒	2		
			铺好防护三件套	2		
			登记车辆行驶里程、油表等信息	2		
			查看车辆外观情况并记录	2		
			在问诊单上填写相关信息	2		
		(3) 制订工单	确认或登记车辆、客户信息	2		
			确认维修项目	2		
			预估维修费用和完工时间	4		
			询问旧件处理方式	2		
			生成维修工单,解释工单上内容,并引导客户签字	2		
			询问客户是否在场等待,若在场等待,则引导客户到休息室休息	2		
		(4) 车辆维修	SA将车辆开至待修车位,将维修工单、车辆钥匙移交给质检员,并应向质检员说明作业内容、交车时间等	4		
			客户关怀	2		
		(5) 维修质量检验	SA自检	4		
		(6) 结算与交车	通知客车,带客户验车	2		
			依据结算单逐项进行维修费用的解释,引导客户签字	2		
			提醒下次保养时间	2		
			告知回访事项,确认回访时间	2		
			交还保养手册、车钥匙	2		
			陪同客户结账	2		
			取走三件套	2		
			告知24小时热线电话	2		
			与客户道别,目视客户离开	2		
3	小组成员配合的默契度(20分)	配合默契(15～20分)、配合较为默契(8～14分)、缺乏默契(1～7分)		20		
		总　　计		100		

单元小结

(1) 优秀的服务标准和流程是售后服务业务高效有序开展的前提。汽车售后服务接待流程包括预约、接待、诊断、制定维修工单、车辆维修、维修质量检验、结算与车辆交付和客户回访九大步骤。

(2) 做好预约工作，能够减少客户等待时间，提高客户满意度，提高售后服务企业的工位利用率和服务产能。预约的主要形式是电话预约，有主动预约和被动预约两种形式。对于主动预约而言，预约前要做好准备工作，预约成功实施后需要服务部和维修部的人员共同配合做好预约后的服务准备工作。与主动预约相比，受理预约的工作流程少了"预约前的准备"这个步骤。

(3) 接待是客户与服务顾问刚开始面对面接触，做好接待工作，给客户留下良好的第一印象，有利于后续服务顺利进行。接待前，服务顾问需检查仪容仪表、准备相关的工具、了解预约情况和检查接待环境。接待时，应抓住六个要点：主动出迎客户；引导客户停车；主动为客户开启车门；问候并进行自我介绍；初步了解客户的需求；建立（查询）客户车辆信息。

(4) 诊断的目的是了解客户需求和客户遇到的困难，通过系统的检查找出故障原因，从而确立维修项目。通过问诊了解客户车辆的故障现象并作记录，然后邀请客户一起检查车辆。检查车辆前需当着客户的面铺好防护四件套，同客户一起环车检查，车辆有故障应重点检查故障部位。车辆检查后，服务顾问需当着客户将车辆检查结果进行说明，同客户共同商定维修项目。

(5) 制单工作的内容包括在DMS系统中录入维修项目、确认所需零件库存、预估维修费用和交车时间、解释委托书项目、引导客户在维修任务委托书上签字和带领客户到休息室休息或送客户离开。

(6) 车辆维修环节包括车间派工和车辆维修施工两个工作步骤。服务顾问在车辆维修期间要跟进车辆的维修进度，处理好服务变更。

(7) 车辆完成维修后，需要进行维修质量检验，经过维修技师自检、班组长检验和质检员检验三级质检，才能将车辆由车间移交到服务顾问手中。

(8) 交车前，服务顾问需亲自检查车辆的竣工情况并准备与检查相关的单据，然后才能通知客户交车。交车时要带客户验车，向客户逐项解释结算单上的各维修项目的收费明细，在客户无异议的情况下，引导客户在结算单上签字并带领客户到收银台结账，之后送客户离店、更新客户档案。

(9) 汽车售后服务站应在交车之后三日内对客户进行跟踪回访，了解客户对维修质量和服务质量的满意度情况，并记录在《3DC回访记录表》中。客户回访工作包括四个步骤：准备工作、回访实施、回访信息反馈和服务总结。

单元三

汽车保养和质保

随着汽车制造技术水平的不断提高,汽车的故障率越来越低。"七分养,三分修",以养代修的爱车理念已被广大有车族所接受,他们越来越重视对车辆的定期保养和维护。服务顾问接待的客户中绝大多数是来店进行车辆保养作业。因此,服务顾问必须熟悉汽车保养和维护的相关知识,能够从专业的角度为客户解答问题,做好服务工作。

任务一 汽车定期保养和维护

学习目标

(1) 能够描述汽车定期保养和维护的意义。
(2) 能够描述汽车保养作业的内容和流程。
(3) 能够描述机油滤清器、空气滤清器、汽油滤清器等易损件的更换周期。
(4) 能够根据车辆行驶里程确定保养作业的具体项目。
(5) 具备一定的保养作业的能力。

一、概述

车辆在使用过程中,其结构、零件必然会逐渐产生不同程度的磨损、自然松动和机械损伤。为了减轻各部件的磨损和防止运动中发生故障而进行的预防性维护作业称为汽车的技术保养。正确执行保养,不但能使汽车经常处于良好的技术状况,保证汽车的动力性、经济性和安全性,而且能保持汽车各总成的技术状况均衡,以达到最大的修理间隔里程。

大部分车系的保养周期为 5000km 或 6 个月,里程和时间以先到者为准,如丰田、日产、本田、现代、长城、长安等。也有部分车系的保养周期为 7500km 或 6 个月,如大众。

随着发动机技术的提升,汽车的保养周期也在延长,如新款卡罗拉的保养周期为10 000km或12个月。需要注意的是,厂家规定的保养周期为最长保养周期,实际使用中如果车辆的行驶路况较差,保养周期应适当缩短。

汽车定期保养和维护主要包括对发动机、变速箱、空调、燃油系统、动力转向系统、制动系统等的保养。按照作业流程,保养作业可分为室内检查、车身检查、发动机室的检查和底盘部位的检查四个方面内容。

二、室内检查

1. 车辆灯光和指示灯检查

车辆灯光检查由两人配合完成,一人在驾驶室内操纵灯光开关,同时检查开关、仪表警示灯、室内灯的使用状况;另一人在车外前后、左右观察各种灯光的工作情况,并通过手势与室内人员沟通。灯光检查耗电量较大,作业时发动机应处于运转状态。

(1) 示宽灯、尾灯、牌照灯、仪表照明灯检查

将灯光总开关置于小灯位置,如图3-1所示,车前观察示宽灯点亮状况,车后观察尾灯和牌照灯点亮状况,同时室内观察仪表照明灯点亮状况。

(2) 大灯的检查

将灯光总开关从小灯位置置于大灯位置,如图3-2所示,车前观察大灯近光工作状况。再将灯光总开关从近光位置推到远光位置车前观察大灯远光点亮状况,仪表盘上观察远光指示灯点亮状况。

图3-1 灯光开关置于小灯工作位

图3-2 灯光开关置于大灯工作位

(3) 雾灯检查

将灯光总开关置于小灯位置,打开雾灯开关,如图3-3所示,观察雾灯点亮状况。注意:雾灯一般是在灯光总开关置于小灯位置时工作。

(4) 大灯闪光检查

大灯闪光即超车信号灯,超车时发出该信号,前方车辆会很容易收到该信号。检查方法是将灯光总开关置于OFF位置,上拉开关置于闪光位置,车前观察大灯是否闪亮,观察仪表盘上远光指示灯是否闪亮。

(5) 转向灯检查

将点火开关置于ON位置,转向开关置于左侧转向位置,观察车辆左侧前、后、侧面转向灯点亮状况,同时观察仪表盘左侧转向指示灯点亮状况。右侧转向灯检查方法同上。

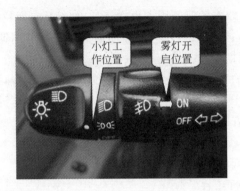

图 3-3　雾灯开关打开

上拉转向开关则打开右转向灯,下拉转向开关则打开左转向灯,如图 3-4 所示。

(6) 危险信号灯检查

按下危险信号开关,如图 3-5 所示,观察车辆前后、左右所有的转向灯是否点亮,仪表盘上危险信号指示灯是否点亮。

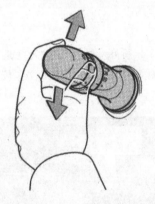

图 3-4　转向开关的操作方法

图 3-5　危险信号灯开关

(7) 制动灯检查

踩下制动踏板,观察车辆后方制动灯(包含高位制动灯)是否点亮。

(8) 倒车灯检查

点火开关置于 ON 位置(有的车型不用),变速手柄置于倒挡位置,车后观察倒车指示灯是否点亮。

(9) 室内照明灯检查

将室内照明灯开关由 OFF 位置旋至 ON 位置,观察室内照明灯点亮状况,然后将开关置于 DOOR 位置,打开车门,观察室内照明灯是否点亮。

2. 挡风玻璃喷洗器和雨刮器的检查

(1) 挡风玻璃喷洗器的检查

检查条件:起动发动机运行,确认发动机舱盖处于完全扣合状态。若发动机不运行,蓄电池电压达不到足以使喷洗器电机正常工作的电压,喷洗器喷射压力不足,不能确保有正确的喷射位置。发动机舱盖若不处于完全扣合状态,也会影响到喷射位置,使喷射位置过低。

检查方法:向上拉动喷洗器开关,如图 3-6 所示,观察喷洗器喷射位置和喷射压力,同时检查雨刮器片的联动工作状况。若喷洗器喷射位置不当,可用与喷射孔相当的铁丝,调整喷射位置,使喷洒的液体落在刮水范围的中间。

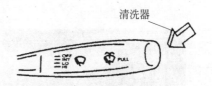

图 3-6　挡风玻璃喷洗器操作方法

(2) 雨刮器的检查

雨刮器检查一定在洗涤器检查之后进行。因为在挡风玻璃干燥的情况下,雨刮片与挡风玻璃间摩擦大,此时雨刮片工作会造成雨刮片损坏。

将雨刮器开关分别置于间歇挡、低速挡、高速挡,如图 3-7 所示,检查各挡位的工作情况。雨刮器工作过程中,检查刮拭状况,要求不出现条纹状的刮拭痕迹。若前挡风玻璃上出现条纹状的刮拭痕迹,如图 3-8 所示,一般为刮雨器片老化,应更换刮雨器片。同时,应检查雨刮器的自动回位功能是否正常。检查方法是雨刮器工作时,当雨刮器片没有回到最低位,迅速将雨刮器开光置于 OFF 位置,观察雨刮器片是否回到最低位置后,雨刮器再停止工作。

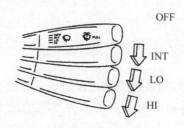

图 3-7　雨刮器挡位　　　　图 3-8　前挡风玻璃上出现条纹状的刮拭痕迹

3. 空调的检查

发动机运行暖机后,打开空调开关,打开 A/C 开关,将温度调至最低,几分钟后,观察各出风口是否有冷气吹出。改变鼓风机挡位,观察出风口的风速是否发生变化。关闭 A/C 开关,空调开关保持打开状态,将温度调节到高于环境温度,几分钟后,观察出风口是否有暖气吹出。

4. 后视镜的检查

调节后视镜开关,确认后视镜是否能正确动作。注意:先将上部选择按钮选到要调节的后视镜侧,后再按方向键进行调节。图 3-9 所示为卡罗拉后视镜调节按钮。

5. 升降玻璃、中控门锁、防夹功能的检查

(1) 在玻璃升降总开关上按下各车门玻璃的升降开关,检查各车门玻璃是否能升降正常、有无异响。图 3-10 所示为玻璃升降总开关、车门开启/锁止开关。

(2) 按下各车门侧上的玻璃升降开关,检查各车门玻璃是否能升降正常,有无异响。

(3) 按下驾驶员侧车门上的车门开启和锁止按钮,检查全车所有车门是否正常地锁

图 3-9　卡罗拉后视镜调节按钮　　图 3-10　玻璃升降总开关、车门开启/锁止开关

止或开启。

(4) 带有防夹功能的升降玻璃,还应检查防夹功能是否正常。按下玻璃上升开关,将手放置在玻璃上方,若玻璃上升过程中,当玻璃距离手还有一小段距离时,玻璃停止上升,则说明防夹功能正常。检查时应注意安全,防止夹手。

6. 踏板的检查

(1) 制动踏板的检查

① 制动踏板应用状况检查。车辆处于熄火状况,反复踩下制动踏板数次,踏板回位良好,确认制动踏板不能被踩到与地板接触位置;同时仔细倾听是否存在异常噪声;用手晃动踏板,检查制动踏板是否存在过度松动。

② 制动踏板高度检查。制动踏板处于自由状态,用直尺测量地面至制动踏板上面的距离。如果制动踏板高度测量从地毯表面开始,制动踏板的高度值为测量值加上地毯厚度。

③ 制动真空助力器工作状况检查。发动机熄火,反复踩压制动踏板数次,使真空助力装置释放真空,再保持踩住制动踏板,起动发动机,发动机起动后瞬间,感觉制动踏板是否下沉,若制动踏板下沉明显,说明制动真空助力器工作状况良好。

(2) 离合器踏板的检查

踩下离合器踏板,踏板应回位良好,确认踏板不能被踩到与地板接触位置,同时仔细倾听是否存在异常噪音。用手晃动踏板,检查踏板是否存在过度松动。

用直尺测量地板到离合器踏板上表面的距离,如图 3-11 所示。如果超出标准,应调整离合器踏板高度。

(3) 加速踏板的检查

检查加速踏板是否操作顺畅,确认踏板不会卡住或不均匀受力。确保地板垫远离踏板。

7. 驻车制动器的检查

(1) 驻车制动器拉杆行程检查

将驻车制动器手柄完全释放,向上拉起到顶端位置,记录棘轮响声,检查是否在规定范围值内,一般为棘轮 6~9 响。

(2) 驻车制动器指示灯点亮状况检查

点火开关置于 ON 位置,制动手柄完全释放,向上拉动驻车制动器手柄一个棘轮位置,观察仪表盘上驻车指示灯是否点亮,如图 3-12 所示。然后完全释放驻车制动手柄,驻车制动指示灯应熄灭。

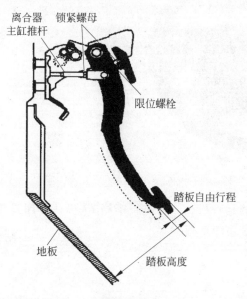

图 3-11　离合器踏板高度

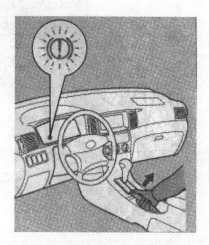

图 3-12　驻车制动器指示灯的检查

8. 安全带的检查

检查安全带带扣是否能够固定,检查安全带带子是否有损伤。快速拉动安全带,安全带应具有锁止功能。松开安全带卡扣,安全带能自动收紧。

9. 方向盘和喇叭的检查

方向盘自由行程是指不使转向轮发生偏转而转向盘所能转过的角度。通常方向盘从相应于汽车直线行驶的中间位置向任何一方向的自由行程不应超过 10°~15°。自由行程可用转动角度大小或方向盘边缘转动行程长短来表示。关闭点火开关,用直尺检查方向盘的自由行程是否在正常范围之内,如图 3-13 所示。自由行程的合适范围应参照车型维修手册,如卡罗拉自由行程的最大值为 30mm。

点按喇叭开关,确认喇叭的音质、音量是否正常。

三、车身检查

车身检查的顺序如图 3-14 所示,从驾驶员侧车门开始,按照顺时针方向依次检查车门、门锁、后视镜、车身漆面、灯透镜、挡风玻璃、后备厢、加油口等车身表面及附件。

检查车门,确认是否有划伤、裂纹,门锁是否正常,车门开闭是否顺畅,铰链是否松弛。后排座椅还应检查儿童安全门锁是否正常,检查完应将儿童安全门锁恢复到检查前的状态。检查后视镜是否有划伤、裂纹,开合是否顺畅。检查挡风玻璃是否有划伤、裂纹。检查雨刮器是否老化或者损伤。检查灯透镜是否有划伤、裂纹。检查加油盖口,确认是否有

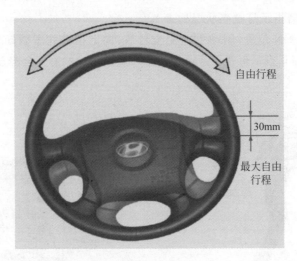

图 3-13 测量方向盘自由行程

划伤、裂纹,锁是否正常,开闭是否顺畅,铰链是否松弛。检查行李箱盖,确认开闭是否顺畅,铰链是否松弛。确认行李箱打开时,行李箱灯点亮。

四、发动机室的检查

1. 蓄电池的检查

(1) 蓄电池电解液液面高度检查及调整

通过观察蓄电池外壳上电解液高度刻度线来判断电解液液面高度是否合适。电解液液面高度应位于上限和下限刻度线之间。若液面高度过低,应添加蒸馏水调整液面高度,但不能添加蓄电池原液。图 3-15 所示为蓄电池外壳上的液面上、下限刻度线。

 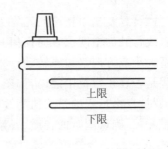

图 3-14 车身检查的顺序　　图 3-15 蓄电池外壳上的液面上、下限刻度线

(2) 蓄电池外部检查

检查蓄电池外壳是否存在电解液渗漏,有无其他损坏。检查蓄电池正、负极柱是否腐蚀,检查蓄电池端子导线与极柱之间连接是否松动,如图 3-16 所示。检查蓄电池加液盖通风孔是否畅通。

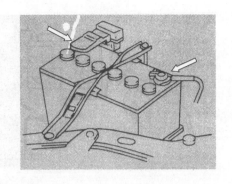

图 3-16 蓄电池外部的检查

(3) 蓄电池存电量的检查

用比重计检测蓄电池的存电量是一种常用的方法。一般充满电的蓄电池在20℃时电解液的标准比重是 1.25~1.29kg/L。如果蓄电池在20℃时电解液比重小于上述值,大于 1.06kg/L 则说明蓄电池存电量不足,需要充电;如果蓄电池在20℃时电解液比重为 1.06kg/L 或更小,说明蓄电池已完全放电或损坏。根据这个原理,利用比重计测量蓄电池电解液的比重就能知道蓄电池的存电量,也可以进一步判断蓄电池的状况。

在日常保养及维修中真正能够快速准确地检测蓄电池存电量多少,还是要使用蓄电池检测仪,如图 3-17 所示。使用时把蓄电池检测仪接入蓄电池 10~15s,电压保持在 10.5~11.6V,表示容量充足,蓄电池无故障;电压保持在 9.6~10.5V,表示容量不足,蓄电池无故障;电压降到 9.6V 以下,表示容量严重不足或蓄电池有故障。

对于免维护蓄电池,通过观察孔查看颜色可以直接判断出蓄电池的技术状况。绿色表示蓄电池电量充足;黑色表示蓄电池电量不足,应充电;无色或淡黄色表示蓄电池需要更换。

在普通蓄电池的维护时,应注意以下事项。

(1) 蓄电池电解液具有强烈的腐蚀性,操作过程中要特别小心。若电解液喷溅到皮肤或衣服上,应该用大量清水清洗。如果眼睛接触到了电解液,应马上用清水清洗,并及时就医。

图 3-17 蓄电池检测仪

(2) 调整电解液液面高度时,不要超出最高刻度上限,否则充电时会引起电解液溢出。

(3) 充电过程中,一定要把所有的加液盖拧下,以便使蓄电池内产生的气体顺利排出。

2. 空气滤清器的检查

空气滤清器滤芯的更换周期一般是为 10 000km 或 12 个月,时间和里程以先到者为限。更换空气滤清器滤芯很简单。首先,拆开空气滤清器总成,取下旧滤清器滤芯并置于废料箱中,清洁滤清器总成内表面。然后将新滤清器滤芯装入滤清器总成中(见图 3-18),扣合好滤清器总成上盖。

图 3-18 空气滤清器滤芯的安装

对于干式纸质滤芯,如果还没有达到更换周期,且滤芯无破裂、未积聚太多的灰尘,保养时只需清洁滤芯即可,用高压气体按空气进入发动机的反方向清理滤芯上的污垢(见图 3-19),干净后再安装到位。

图 3-19 空气滤清器滤芯的清洁

3. 冷却系统的检查

(1) 目测检查

检查储液罐、水箱、水管等是否有泄漏,上下水管、暖水管等橡胶件是否有老化现象,冷却液液面是否符合标准,冷却液是否脏污。在储液罐外壳有液面高度上下限刻度(MIN、MAX),冷却液的液面高度应位于上、下限刻度间。液位低于下限,应补充同型号的冷却液,交车时可加至 MAX 处。如缺失严重,应分析原因。

(2) 散热器盖的密封及耐压程度的检查

冷却系统内压决定冷却液沸点的高低。若散热器盖密封不良或耐压不足,则会降低冷却系统内压,使得冷却液沸点降低,冷却液过早沸腾,导致发动机散热不良,严重的甚至造成拉缸、烧瓦等恶性故障。

散热器盖的密封及耐压程度的检查应在发动机停机后进行,用专用工具散热器盖测试器测量,如图 3-20 所示。将散热器盖从水箱上拧下,安装在测试器上,然后施加规定压力的负荷,保持一段时间,观察

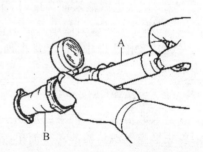

图 3-20 散热器盖测试器

压力表上的读数是否发生变化。若读数下降,说明散热器盖耐压性不足,应更换散热器盖。散热器盖内侧标注有开启压力。

4. 机油的检查

机油即润滑油,能对发动机起到润滑、减少摩擦、辅助冷却降温等作用,对于降低发动机零件的磨损,延长使用寿命有着重要的意义。每次定期保养必做的项目是更换机油和机油滤清器。更换机油后,应检查机油的油量是否合适。油量少,润滑不良;油量多,发动机运转阻力大。

(1) 机油油量的检查

机油油量的检查方法:发动机停转 5min,让机油充分回流到油底壳之后,拔出机油尺,用干净的抹布把它擦拭干净,然后将机油尺插回去再次拔出观察(见图 3-21)。油位超过 a 处,说明机油量过多;油位在 b 处,可补加至 a 处或不加;油位位于 c 处或低于 c 处,则说明机油量不足,必须加至 b 或 a 处。

在日常维护时也应定期检查机油的油量,同时留意机油的颜色。如果机油颜色为深褐色,说明机油脏污,即使没有达到更换周期,也应更换机油。

(2) 机油的排放

用举升机将车辆举起,检查发动机油底壳、排放塞、曲轴前后油封等处是否渗漏机油。机油的排放步骤如下:

① 将机油排放塞拆下,用机油收集器收集废机油,如图 3-22 所示。热车排放机油时,由于机油温度很高(90～110℃),拧下机油排放塞时,要特别小心,以免烫伤。排放机油和更换机油滤清器时,建议佩戴防滑手套。

② 检查排放塞磁性垫片上是否吸附了金属屑,并清理排放塞,更换新密封垫片。若密封垫片粘附在油底壳上,等机油排放完毕后再取下。

③ 机油排放干净后,按规定力矩上紧排放塞。

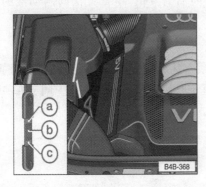
图 3-21 机油油量的检查

图 3-22 机油的排放

(3) 机油滤清器更换

机油滤清器的更换周期与机油相同。每次保养都要更换机油滤清器。更换步骤:首先,用专用工具将滤清器拆下,然后放入带金属标志的可回收废料箱。然后,在新滤清器密封圈上涂上机油。注意,有些机油滤清器密封圈上已涂上了专用润滑脂,这种滤芯没有必要再涂机油。最后,将滤清器安装底座清理干净,用手将滤清器拧上,使密封圈与底座接触良好,再用专用工具将滤清器拧紧 3/4 圈即可。

5. 自动变速器油的检查

自动变速箱油的更换周期通常是每两年或每行驶 40 000km 更换一次。不过,因车型而定,不同的车型要求不一样,具体更换周期应参照该车型的保养手册。如果没有达到更换周期,保养时要检查自动变速器油的液位,应在规定值范围内。检查方法是,首先让发动机暖机运行,使自动变速器油温预热到 70～80℃,踩下制动踏板,将变速杆操纵手柄从"P""R""N""D""2""1"运行后,再将操纵手柄推至"P"位置,每个挡位至少停顿 2s 以上,以便油液充分循环。然后,检查自动变速器液位。自动变速器油尺上有液位上限和下限刻度限,正常的液位应为上、下限之间。

6. 制动液的检查

由于制动液具有吸湿性,长时间使用后会造成吸入的水分增多,于是沸点下降,刹车时刹车片所产生的高温会造成制动液汽化、变质,从而使刹车变软,管道内杂质污染 ABS 液压单元,造成更大的损失。因此,需要定期更换制动液。通常每两年或每行驶 60 000km 更换一次。不过,因车型而定,不同的车型要求不一样,具体更换周期应参照该车型的保养手册。如果没有达到更换周期,保养时要检查制动液的液位,应在上、下限刻度线之间。制动液的上、下限刻度线标注在储液罐外壳上,如图 3-23 所示。

由于刹车片的自然磨损,可导致液位下降,必要时进行添加。添加的制动液应与制动系统内的相同。若制动液损失严重,应查找原因。

7. 玻璃清洗液的检查

检查玻璃清洗液的液位,若液位低于下限,应添加水或专用清洗液。

8. 动力转向油的检查

采用液压助力转向的汽车,还应检查动力转向油的液位,检查方法同制动液的检查。达到更换周期,应换新油。

9. 发动机传动带的检查

检查传动带是否有裂纹、脱层等损伤,若出项上述情况,应更换新传动带。检查传动带张紧力。用传动带张紧力测量计检测,也可用经验法检查,在传动带中间施加 40N 压力,通过检查其变形量,判断传动带的张紧力大小,如图 3-24 所示。

图 3-23 制动液储液罐

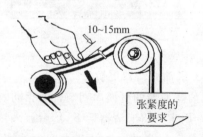

图 3-24 传动带的检查

五、底盘的检查

1. 轮胎的检查

（1）轮胎压力的检查

轮胎气压的大小一般为220～250kPa，标准的气压以车上的标注为准，通常标注在油箱盖的内侧（见图3-25）或车门立柱附近，车辆使用手册上也有说明。需要注意的是，标注的轮胎气压为冷态（行驶前）推荐气压。轮胎在热态时，压力会比冷态时增高。因此，应在冷态时检查轮胎压力。

轮胎气压随着季节、温度的变化也不同，但是，无论任何情况下都不要超过轮胎的最大充气值，否则轮胎会有爆胎的危险。气压不足也会造成轮胎异常磨损，因为此时轮胎的侧壁会承受过大的压力，产生大量的热量以致造成轮胎的损坏。

定期保养时，用轮胎压力表检查各轮胎（包括备胎）的压力值，如图3-26所示。备胎气压要比正常使用的轮胎气压标准值高出20%左右。

图3-25 轮胎气压标注在油箱盖内侧

图3-26 胎压表测量气压

（2）轮胎花纹深度的检查

轮胎花纹的主要作用是增加轮胎与地面的摩擦力，防止汽车在行驶过程中打滑，保障汽车的行驶安全。随着轮胎的使用造成的磨损，轮胎的花纹深度逐渐变浅。汽车定期保养应检查各轮胎（包括备胎）的花纹深度。

使用轮胎沟槽深度尺测量轮胎沟槽深度，如图3-27所示。均匀在轮胎表面上间隔120°处，测量三个位置，每个位置测量3～4个沟槽深度，记录最小值。花纹深度大于3.5mm，说明轮胎的性能良好；花纹深度为2.5～3.5mm，建议下次保养更换；花纹深度小于2.5mm，建议更换轮胎。如果轮胎老化、龟裂严重，应提前更换。

轮胎花纹沟槽里每隔一段距离，就会有一个小的橡胶凸起，如图3-28所示，这个凸起是轮胎磨损极限标记，轿车用轮胎凸起的高度是1.6mm。当轮胎花纹磨损至与凸

图3-27 测量轮胎花纹深度

起平齐时,必须更换轮胎。

(3) 轮胎胎面磨损情况的检查

转动轮胎一周,观察轮胎表面是否有异物嵌入,如有应清理,如图 3-29 所示。检查轮胎表面有无裂纹等损伤,检查轮胎表面磨损均匀程度,要求轮胎表面磨损均匀,无异常磨损。

图 3-28　轮胎磨损极限标记　　　　图 3-29　轮胎表面异物的清理

如图 3-30 所示,若轮胎表面有锯齿状磨损,说明前轮前束调整不当;若单侧磨损,说明主销内倾角调整不当;若双肩磨损,说明轮胎长期气压过低行驶;若胎冠磨损,说明轮胎长期气压过高行驶;若根部磨损,说明轮辋变形、行驶摆动等。

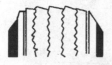  

(a) 前束值的影响　　　(b) 车轮外倾角的影响　　(c) 长期轮胎气压不足或超载的影响

(d) 长期轮胎气压过高的影响　　(e) 轮辋变形或轮胎平衡失调的影响

图 3-30　轮胎异常磨损原因分析

(4) 轮胎的定期换位

因驱动轮轮胎磨损较从动轮轮胎严重,为保证所有轮胎磨损程度尽量一致,应定期对轮胎互换位置。通常,每 10 000km 进行换位一次。轮胎互换位置时应遵循以下原则:驱动轮垂直换,例如左前到左后;非驱动轮对角换,例如左后到右前。如果是四驱车型,则是直接垂直前后换,例如左前到左后,右前到右后。

2. 车轮制动器的检查

(1) 摩擦片厚度的检查

摩擦片又称刹车片,由钢板、摩擦材料、粘合剂等组成。汽车制动时摩擦片被挤压在刹车盘或刹车鼓上产生摩擦,从而达到车辆减速刹车的目的。由于摩擦作用,摩擦片会逐渐被磨损。摩擦材料使用完后要及时更换摩擦片,否则钢板与刹车盘就会直接接触,最终会丧失刹车效果并损坏刹车盘。

汽车定期保养时,应拆下摩擦片检查其厚度。具体步骤如下。

① 拆下制动卡钳下面的导向螺栓,然后将制动卡钳上翻,并用专用工具将制动卡钳挂住,如图 3-31 所示。

② 取下制动盘两侧的摩擦片,并清洁制动盘和摩擦面上的灰尘。

③ 观察制动片摩擦材料表面是否有异常磨损。

④ 用直尺测量摩擦片厚度,检查是否在允许值范围内,如图 3-32 所示。

图 3-31 制动卡钳的拆卸　　　　图 3-32 摩擦片的测量

摩擦片厚度极限为不小于新片厚度的 1/3。当其厚度接近更换标准时,必须更换摩擦片。更换的原则为左右两轮同时更换相同材质的新片。安装新摩擦片方法如下。

① 在新更换的摩擦片背板上涂抹制动器专用高温润滑脂,然后安装新的消音垫片。

② 用专用工具或手锤柄将制动分泵活塞推到摩擦片厚度最大的极限位置,如图 3-33 所示。

③ 将制动盘表面、摩擦衬片表面清理干净,确保表面无润滑脂和制动液等。

④ 安装制动卡钳,按规定扭力值上紧导向螺栓。

在日常维护时,车主也可以自己检查摩擦片的磨损情况。通过制动卡钳上的观察孔可以目测摩擦片厚度,如图 3-34 所示。

图 3-33 用手锤柄将制动分泵活塞推到极限位置　　图 3-34 制动卡钳上的观察孔

(2) 制动盘的检查

① 外观检查。检查制动盘表面有无不均匀磨损、裂纹和严重损坏。如有必要,请更换。

② 厚度的检查。距制动盘端面外边缘 10mm 位置,间隔 120°处的三个位置,使用千分尺检查制动盘的厚度,如图 3-35 所示。将最小值记录为制动盘厚度。如果厚度低于磨损极限,请更换制动盘。如桑塔纳制动盘厚度标准值 10mm,极限值 8mm。

③ 检查制动分泵、导向销(见图 3-36)是否松动、防尘套是否损坏。

④ 检查制动分泵(见图 3-36)是否漏油。

图 3-35 千分尺测制动盘厚度　　图 3-36 导向销、制动分泵位置

3. 悬架系统的检查

不同车型悬架结构不同,检查的项目和顺序也不同,以丰田卡罗拉车型为例,悬架系统的检查方法如下。

(1) 前悬架使用状况检查

检查左右两侧减振器(见图 3-37)是否存在泄漏和损坏。

检查左右两侧螺旋弹簧(见图 3-38)是否损坏。

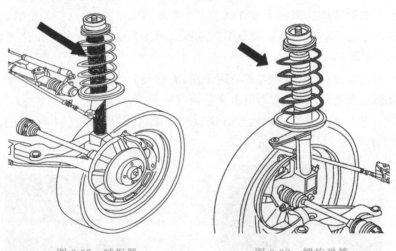

图 3-37 减振器　　图 3-38 螺旋弹簧

检查左右两侧转向节(见图 3-39)是否损坏。

检查转向节下臂(见图 3-40)是否损坏。

检查稳定杆(见图 3-41)与左右两端悬架连接状况,稳定杆是否损坏。

(2) 后悬架使用状况检查

检查左右两侧减振器是否存在泄漏和损坏。

检查左右两侧螺旋弹簧是否损坏。

检查稳定杆是否损坏。注意,丰田卡罗拉 1.6AT 后悬架无稳定杆。

检查拖臂和后桥是否损坏。

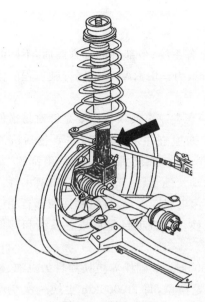
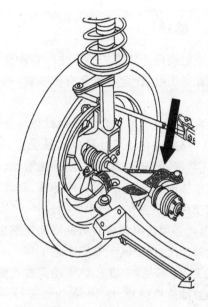

图 3-39　转向节　　　　　图 3-40　转向节下臂

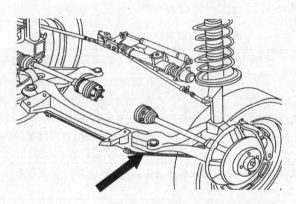

图 3-41　稳定杆

4. 底盘部件的目视检查

(1) 检查变速箱、主减速器有无渗漏。

(2) 检查万向节防尘套的密封性和损伤情况。

(3) 检查排气管、三元催化转换器、消音器的有无损伤。

5. 底盘底部螺栓和螺母的紧固

(1) 紧固前、后悬架各元件间的连接螺栓。

(2) 紧固悬架横梁及加强件与车身间的连接螺栓。

(3) 紧固前悬架与转向节间的连接螺栓。

(4) 紧固制动分泵与背板。

(5) 排气管及消声器紧固。

(6) 燃油箱与车身的紧固。

六、总结

汽车定期保养与维护的作业内容涉及汽车上各系统、各部件的方方面面,不同的行驶里程和保养周期,作业项目会有所区别,表 3-1 所示为丰田 RAV4 不同行驶里程的保养作业项目表。

通常把作业项目分为更换项目和检查项目两大类。更换项目主要是针对易损件和工作油液。易损件在使用过程中容易受损,必须定期检查并及时更换,主要包括机油滤清器、空气滤清器、汽油滤清器、空调滤清器、刹车片、刹车盘、轮胎、火花塞、雨刮片、蓄电池等。工作油液主要包括机油、冷却液、制动液、自动变速器油、离合器油、玻璃水等。工作油液在使用当中会有不同程度的损耗,还会受到污染而变质,而且每种油液都有相应的保质期,因此必须按照相应的更换周期定期进行更换。检查项目是检查各系统和部件的性能和运行情况,保证其可靠安全地工作。

从表 3-1 可见,丰田 RAV4 的保养周期为 5000km,基础保养更换项目为机油、机油滤清器和放油螺栓垫片,每 10 000km 进行一次四轮换位,每 30 000km 更换一次空调滤清器,每 40 000km 更换一次空气滤清器和制动液,每 80 000km 更换一次燃油滤清器和自动变速器油,每 40 000km 进行一次大检查。

表 3-1 丰田 RAV4 定期保养项目表

定期保养类型	更 换 项 目	检 查 项 目
5000km	机油、机油滤清器、放油螺栓垫片	传动皮带、发动机冷却液、蓄电池、空气滤清器、制动液、加速踏板和离合器踏板、制动踏板和驻车制动器、所有车灯、喇叭、刮水器和喷水器、空调滤清器、底盘螺钉螺帽的紧固情况、制动摩擦衬块和制动盘、轮胎和充气压力
10 000km	机油、机油滤清器、放油螺栓垫片、四轮换位	在 5000km 保养的检查项目上,增加了"离合器油"的检查
15 000km	机油、机油滤清器、放油螺栓垫片	同 5000km 保养的检查项目
20 000km	机油、机油滤清器、放油螺栓垫片、四轮换位	在 5000km 保养的检查项目上,增加了"排气管和装配件""制动管和软管""离合器油""方向盘、连杆和转向机壳""驱动轴防尘套""悬架球头和防尘套""前后悬架装置""空调制冷剂量"
25 000km	机油、机油滤清器、放油螺栓垫片	同 5000km 保养的检查项目
30 000km	机油、机油滤清器、放油螺栓垫片、四轮换位、空调滤清器	同 10 000km 保养的检查项目
35 000km	机油、机油滤清器、放油螺栓垫片	同 5000km 保养的检查项目
40 000km	机油、机油滤清器、放油螺栓垫片、四轮换位、空气滤清器、制动液	在 20 000km 保养的检查项目上,增加了"燃油箱盖、燃油管、燃油蒸汽控制阀""手动/自动变速器油"
45 000km	机油、机油滤清器、放油螺栓垫片	同 5000km 保养的检查项目
50 000km	机油、机油滤清器、放油螺栓垫片、四轮换位	同 10 000km 保养的检查项目
55 000km	机油、机油滤清器、放油螺栓垫片	同 5000km 保养的检查项目

续表

定期保养类型	更换项目	检查项目
60 000km	机油、机油滤清器、放油螺栓垫片、四轮换位、空调滤清器	同20 000km保养的检查项目
⋮	⋮	⋮
80 000km	机油、机油滤清器、放油螺栓垫片、四轮换位、空气滤清器、制动液、燃油滤清器（每80 000km）、自动变速器油（每80 000km，仅限部分车型）	同40 000km保养的检查项目

 学习测试

一、选择题

1. 汽车倒车信号灯的灯罩颜色为（　　）。
   A. 红色　　　　B. 白色　　　　C. 橙色　　　　D. 黄色

2. 汽车制动灯的灯罩颜色为（　　）。
   A. 红色　　　　B. 白色　　　　C. 橙色　　　　D. 黄色

3. 作为超车信号的灯光为（　　）。
   A. 左侧转向信号灯　　　　　　B. 危险信号灯
   C. 大灯远光　　　　　　　　　D. 右侧转向信号灯

4. 检查雨刮器、喷洗器工作性能时，发动机状况为（　　）。
   A. 运行状态　　　　　　　　　B. 停转状态
   C. 没有明确的规定　　　　　　D. 2000r/min

5. 检查雨刮片刮拭状况时，若前挡风玻璃上出现条纹状挂拭痕迹，主要原因为（　　）。
   A. 前挡风玻璃变形　　　　　　B. 刮雨器片老化
   C. 刮拭速度太快　　　　　　　D. 刮拭速度太慢

6. 检查驻车制动器指示灯点亮状况时，应向上拉动驻车制动器操纵手柄，使棘轮处于（　　）响位置。
   A. 1　　　　　B. 3　　　　　C. 5　　　　　D. 6

7. 驻车制动器拉杆行程一般为（　　）个棘轮响。
   A. 1～3　　　　B. 2～5　　　　C. 6～9　　　　D. 10～13

8. 蓄电池接近充足电量时，电解液内将释放大量气体，主要原因为（　　）。
   A. 电解液内的水分蒸发所致
   B. 电解液内的硫酸蒸发所致
   C. 水被电解产生了大量氢气和氧气
   D. 都有可能

9. 更换机油滤清器时，将滤清器安装底座清理干净，用手拧上滤清器，使密封圈与底座接触良好,然后用专用工具将滤清器拧紧( )圈即可。
　　A. 1/2　　　　　B. 2/3　　　　　C. 3/4　　　　　D. 1
10. 若汽车工作环境较为恶劣,更换机油的周期( )。
　　A. 必须安装规定保养周期进行
　　B. 可以提前
　　C. 可以只换机油,不换滤清器
　　D. 可以提前换机滤,不可以提前换机油
11. 用轮胎沟槽深度尺测量轮胎沟槽深度时,在轮胎表面间隔120°位置处测量,每位置测量3~4个沟槽深度,记录( ),作为该处轮胎的沟槽深度。
　　A. 最大值　　　B. 最小值　　　C. 平均值　　　D. 差值
12. 轮胎长期处于气压过高行驶,会造成轮胎出现( )。
　　A. 胎冠磨损　　B. 胎肩磨损　　C. 轮胎单边磨损　　D. 根部磨损
13. 制动片使用极限一般为不小于新片厚度的( )。
　　A. 1/4　　　　　B. 1/3　　　　　C. 1/2　　　　　D. 1/5
14. 测量制动盘厚度时,测量点需要选择( )处。
　　A. 1　　　　　B. 2　　　　　C. 3　　　　　D. 4
15. 用千分尺测量制动盘厚度时,测量点选在距轮盘外边缘( )mm处。
　　A. 20　　　　　B. 15　　　　　C. 12　　　　　D. 10

二、判断题

1. 大灯闪光检查时,不论灯光总开关是否打开,只要向上拉起开关至顶位,大灯远光就会点亮。　　　　　　　　　　　　　　　　　　　　　　　　　　　　　（　）
2. 一般情况下,雾灯不受灯光总开关控制,只要打开雾灯开关,该灯就会点亮。
　　　　　　　　　　　　　　　　　　　　　　　　　　　　　　　　　　（　）
3. 有些汽车设置了高位制动灯,主要目的是踩刹车时,后部灯光更加绚丽、美观。
　　　　　　　　　　　　　　　　　　　　　　　　　　　　　　　　　　（　）
4. 洗涤器和刮雨器检查没有明确的先后顺序。　　　　　　　　　　　　（　）
5. 雨刮器开关一般位于方向盘下侧的左手边位置。　　　　　　　　　　（　）
6. 发动机运转,若真空助力装置性能略有降低,驾驶员一般不会明显感觉到制动能力的下降。　　　　　　　　　　　　　　　　　　　　　　　　　　　　　（　）
7. 离合器踏板的高度是不可调节的。　　　　　　　　　　　　　　　　（　）
8. 蓄电池液面过低时,可用蓄电池原液来调整液面高度。　　　　　　　（　）
9. 发动机机油和滤清器按规定的保养周期同时更换。　　　　　　　　　（　）
10. 汽车行驶里程不到发动机更换机油的规定路程,但更换机油的时间已经超了过6个月,此时,必须更换机油。　　　　　　　　　　　　　　　　　　　　（　）
11. 为了防止使用中机油滤清器漏油,机油滤清器安装得越紧越好。　　（　）
12. 检查自动变速器油应在冷车的情况下进行。　　　　　　　　　　　（　）
13. 备胎不常用,没有必要进行定期检查与保养。　　　　　　　　　　（　）
14. 检查轮胎沟槽深度时,测量点应选在轮胎最低沟槽深度警示位置处。（　）

15. 轮胎使用中,磨损程度已经到了轮胎最低沟槽深度警示位置时,必须更换轮胎。
( )

16. 对车辆两侧同轴间制动器而言,更换摩擦片时,若一侧摩擦片磨损较轻,可单独更换另一侧,没有必要同时更换。
( )

17. 更换新制动片时,一定要将制动分泵回位,否则制动片将无法安装。 ( )

三、简答题

1. 汽车为什么要定期保养和维护?
2. 汽车定期保养和维护都有哪些作业内容?
3. 根据表 3-1 判断丰田 RAV4 70 000km 的保养需要更换哪些零件?

任务二　汽车质保与索赔

学习目标

(1) 熟悉汽车质保政策和三包规定。
(2) 熟悉汽车质保索赔工作流程。
(3) 培养学生初步具备向客户解释质保政策和三包规定的能力。
(4) 培养学生初步具备索赔申请鉴定的能力。

为了使消费者放心使用,汽车厂家对汽车产品提供了质量担保政策,这是汽车厂家对自己产品的一种负责任的态度,也树立了良好的企业品牌形象。出色的质保和索赔工作是营销和售后服务赢得市场的重要手段。服务顾问在质量担保工作中,应协助索赔员向用户进行质量担保政策的解释及提供相关服务,通过专业周到的服务赢得用户对品牌的信赖。

一、汽车质保政策

汽车同其他产品一样都有质量担保期,简称质保期,又称保修期。在质保期内,用户在规定的使用条件下使用,车辆由于制造、装配及材料质量问题所造成的各类故障或零部件的损坏(丧失使用功能的),经过厂家授权维修站检验并确认后均由厂家提供无偿维修或更换相应零件,以确保车辆正常行驶。

汽车厂家为用户提供的质保包括新车质保和备件质保两个方面。

1. 新车质保政策

目前,我国还没有正式颁布关于新车保修期的强制性法规。新车保修期由汽车厂家自行制定,不同的厂家质保期的期限有一定的差异。

主流合资品牌汽车质保期基本上是 3 年(100 000km),如大众、别克、丰田、本田、福特等。而自主品牌汽车为了吸引消费者,很多推出了超长质保期,如吉利 4 年(150 000km)、比亚迪 4 年(100 000km)、比亚迪新能源汽车 e6 先行者和秦 6 年(150 000km)、东风风行景逸 X5 8 年(160 000km)、宝沃终身质保等。

下面以东风雪铁龙品牌为例介绍新车质保政策。

(1) 质量担保期限

用于出租、租赁等经营性类别的整车质量担保期为一年或行驶里程100 000km(时间和里程以先达到者为限)，用于其他性质的车辆整车质量担保期为3年或行驶里程100 000km(时间和里程以先达者为限)。质量担保期从用户购车开发票之日起计算。

质量担保期内质量担保更换的备件，其质量担保期属于整车新车质量担保期范围，随整车质量担保期的结束而结束。

(2) 质量担保条件

当用户车辆发生故障时，需要满足以下四个条件方可获得索赔：必须完成首次保养；完成定期保养；保持损坏件的原始状态；质量担保维修由东风雪铁龙认定的经销商或特约维修服务中心进行并做记录。

(3) 质量担保范围

因产品的设计、制造、装配及原材料缺陷等因素引起的损坏。由质量担保件所引起的相关件的损坏，包括辅料损耗。质量担保费用包括备件费、维修工时费和东风雪铁龙授权服务商的外出服务费。

(4) 质量担保责任免除

① 不满足新车质量担保条件中任何一条。

② 车主未按保养手册的规定进行新车首次保养，或没有按保养手册的规定进行以后的任何一次定期保养，或无新车质量担保证明，都视车主自动放弃质量担保权。

③ 车主自行修理或到东风雪铁龙授权服务站以外的厂家修理后，车辆所发生的相关质量问题造成的损坏。

④ 因车主使用不当或保养不当造成的损坏。

⑤ 进行了没有经过神龙汽车公司认可的任何汽车改装。

⑥ 由于外部原因造成汽车损伤，例如细砾石的溅击或碰撞以及大气中的化学气体或其他化学物品、鸟粪等的腐蚀所致的损坏。

⑦ 由于自然灾害、车祸、人为的故意损坏或战争、暴乱所致的损坏等。

⑧ 质量担保范围中没有专门规定的费用，如车主因进行质量担保而发生的拖车费、停运费、停车费、路桥费、旅差费、食宿费、管理部门的惩罚款。

(5) 新车易损件质量担保规定

新车易损件的质量担保期限按表3-2中规定的期限(以先达到者为准)执行。

2. 备件质保政策

汽车厂家对于备件也给予了质量担保，若因备件材质或制造上的缺陷引起的故障属于备件保修范围，厂家给予免费维修或更换。下面仍以东风雪铁龙品牌为例介绍备件质保政策。

(1) 质量担保期限

凡在服务站购买，并由神龙公司提供的备件，其质量担保期为12个月或行驶里程为5000km(以先达到者为限)。备件质量担保起始日期从用户购买该备件并装车使用之日

表 3-2　新车易损件的质量担保期限

易损件名称	质量担保期限（里程）	易损件名称	质量担保期限（里程）
离合器摩擦片	6个月(5000km)	空调滤清器	6个月(5000km)
制动器摩擦片	6个月(5000km)	雨刮片	2个月(1000km)
火花塞	6个月(5000km)	灯泡	2个月(1000km)
机油滤清器	6个月(5000km)	继电器	2个月(1000km)
空气滤清器	6个月(5000km)	保险丝	2个月(1000km)
汽油滤清器	6个月(5000km)	蓄电池	1年(20 000km)
轮胎	6个月(5000km)	遥控器电池	1年(20 000km)

注：(1) 易损件质量担保的其他条款请参见质量担保相关规定。

(2) 在新车易损件的质量担保期内，易损件的更换或维修不能延长该易损件的质量担保期，所更换易损件的质量担保随该易损件质量担保期的结束而终止。

起计算。注意，在该备件的质量担保期内，如需要更换或维修该备件的，不能延长该备件质量担保期。

(2) 质量担保条件

质量担保备件必须在东风雪铁龙指定的服务站购买，并由该服务站装车，质量担保时也必须在该服务站进行并出示相关凭证——购买发票或维修结算单、派工单、出库领料单等。用户提出备件质量担保前，要保护好损坏件的原始状态。

(3) 质量担保范围

① 符合备件质量担保条件，经服务站检查确认需要修理或更换的故障件。

② 因质量担保备件引起损坏的相关件，包括辅料。

③ 尚未构成正式销售，在装车试验、检验环节中发现的自身缺陷的备件。

④ 备件质量担保费用包括：备件费、维修工时费和东风雪铁龙授权服务站的外出服务费。

(4) 质量担保责任免除

① 不满足备件质量担保条件中任何一条。

② 经东风雪铁龙授权服务站检查并及时向车主提出，需装上的备件会受到相关件影响而损坏，需更换该相关件，但车主不同意更换该相关件而装上的备件。

③ 因车主使用不当或保养不当造成的损坏。

④ 进行了没有经过神龙汽车公司认可的任何汽车改装，且该改装会对质量担保备件造成影响。

⑤ 由于外部原因造成的备件损坏，例如细砾石的溅击或碰撞以及大气中的化学气体或其他化学物品、鸟粪等的腐蚀所致的损坏。

⑥ 备件质量担保中没有专门规定的费用，如车主因进行备件索赔而发生的停运费、停车费、路桥费、旅差费、食宿费、管理部门的惩罚款等。

⑦ 车主自行修理或到东风雪铁龙授权服务站以外的厂家修理后，备件所发生的相关质量问题造成的损失。

二、汽车三包规定

三包是零售商业企业对所售商品实行"包修、包换、包退"的简称,是商品进入消费领域后,卖方对买方所购物品负责而采取的在一定限期内的一种信用保证办法。2012年12月29日,国家质量监督检验检疫总局令第150号公布《家用汽车产品修理、更换、退货责任规定》,又称汽车三包法。该《规定》分总则、生产者义务、销售者义务、修理者义务、三包责任、三包责任免除、争议的处理、罚则、附则9章48条,自2013年10月1日起施行。在汽车三包法未实施前,汽车厂家只提供了保修政策。如果汽车产品出现质量问题,汽车厂家只给予维修,消费者没有换车或退车的权益。

1. 三包期限

《家用汽车产品修理、更换、退货责任规定》明确了家用汽车产品的保修期和三包有效期。保修期和三包有效期都是从销售商开具购车发票之日起计算。规章规定,包修期限不低于3年或者行驶里程60 000km,三包有效期限不低于2年或者行驶里程50 000km。

需要注意的是,当车辆超过三包有效期,但仍在保修期,则仍可以享受包修服务。当车辆超过保修期但仍在规定的质保期内,则仍可以享受保修服务。

2. 三包责任内容

(1)包修。在保修期内,出现产品质量问题,消费者凭购车发票和三包凭证可以免费修理,包括工时费和材料费。

(2)免费更换发动机、变速器、易损耗零部件。

① 自销售者开具购车发票之日起60日内或者行驶里程在3000km之内(以先到者为准),发动机、变速器的主要零件出现产品质量问题的,消费者可以选择免费更换发动机、变速器。

② 易损耗零部件在其质量保证期内出现产品质量问题的,消费者可以选择免费更换易损耗零部件。

汽车三包法规定,发动机、变速器的主要零件的种类范围、易损耗零部件的种类范围和质量保证期均由汽车厂家明示在三包凭证上,其种类范围应符合国家相关标准或规定。表3-3为卡罗拉三包凭证上标注的易损耗零部件种类范围及其质量保证期。

表3-3　卡罗拉三包凭证上标注的易损耗零部件种类范围及其质量保证期

序号	名　　称	质保期限
01	空气滤清器	6个月或者行驶里程10 000km,以先到者为准
02	空调滤清器	6个月或者行驶里程10 000km,以先到者为准
03	机油滤清器	6个月或者行驶里程10 000km,以先到者为准
04	燃料滤清器	6个月或者行驶里程10 000km,以先到者为准
05	火花塞	6个月或者行驶里程10 000km,以先到者为准
06	制动衬片	6个月或者行驶里程10 000km,以先到者为准
07	离合器片	6个月或者行驶里程10 000km,以先到者为准
08	轮胎	6个月或者行驶里程10 000km,以先到者为准
09	蓄电池	12个月或者行驶里程50 000km,以先到者为准

续表

序号	名称	质保期限
10	遥控器电池	6个月或者行驶里程10 000km,以先到者为准
11	灯泡	6个月或者行驶里程10 000km,以先到者为准
12	刮水器刮片	6个月或者行驶里程10 000km,以先到者为准
13	保险丝及普通继电器(不含集成控制单元)	6个月或者行驶里程10 000km,以先到者为准

(3) 免费更换或退货。从销售者开具购车发票60日内或者行驶里程3000km之内(以先到者为准),出现转向系统失效、制动系统失效、车身开裂或燃油泄漏,消费者选择更换家用汽车产品或退货的,销售者应当负责免费更换或退货。

(4) 有偿更换或退货。出现以下情形,消费者可以选择更换车辆或者退货,但是需支付因使用家用汽车产品产生的合理使用补偿费用。

情形1:因严重的安全性能故障累计做两次修理仍然没有排除故障,或出现新的严重安全性能故障。

情形2:发动机、变速器累计更换两次,或者发动机、变速器的同一主要零件因其质量问题累计更换两次后,仍然不能正常使用,发动机、变速器与其主要零件更换次数不重复计算。

情形3:转向系统、制动系统、悬架系统、前(后)桥、车身的同一主要零件累计更换两次后,仍然不能正常使用。转向系统、制动系统、悬架系统、前(后)桥、车身的主要零件由汽车厂家明示在三包凭证上,其种类范围应符合国家相关标准或规定。表3-4为卡罗拉三包凭证上标注的主要总成和系统的主要零件种类范围。

表3-4 卡罗拉三包凭证上标注的主要总成和系统的主要零件种类范围

总成和系统	主要零件的种类范围
发动机	曲轴、主轴承、连杆、连杆轴承、活塞、活塞环、活塞销
	气缸盖
	凸轮轴、气门
	气缸体
变速器	箱体
	齿轮、轴类、轴承、箱内动力传动元件(含离合器、制动器)
转向系统	转向机总成
	转向柱、转向万向节
	转向拉杆(不含球头)
	转向节
制动系统	制动主缸
	轮缸
	助力器
	制动踏板及其支架
悬架系统	弹簧(螺旋弹簧、扭杆弹簧、钢板弹簧、空气弹簧、液压弹簧等)
	控制臂、连杆

续表

总成和系统	主要零件的种类范围
前/后桥	桥壳
	主减速器、差速器
	传动轴、半轴
车身	车身骨架
	副车架
	纵梁、横梁
	前后车门本体

合理使用补偿金的计算公式如下。

$$\left[\frac{车价款(元) \times 行驶里程(km)}{1000}\right] \times n$$

使用补偿系数 n 由生产者根据家用汽车使用时间、使用状况等因素在 $0.5\% \sim 0.8\%$ 之间确定,并在三包凭证中明示。

(5) 有偿更换。在三包有效期内,因产品质量问题修理时间累计超过 35 日,或因同一产品质量问题累计修理超过 5 次的,可以凭三包凭证、购车发票等办理更换车辆。经销商退货时可要求消费者支付合理使用补偿金。

(6) 在保修期内,因产品质量问题每次修理时间超过 5 日的,从第 6 日起必须对消费者作出相应的补偿:提供备用车,或者给予合理的交通费用补偿。

3. 更换或退货的要求

(1) 三包有效期内,符合更换条件的,销售者应当及时向消费者更换新的合格的同品牌同型号家用汽车产品;无同品牌同型号家用汽车产品更换的,销售者应当及时向消费者更换不低于原车配置的家用汽车产品。

(2) 三包有效期内,符合更换条件,销售者无同品牌同型号家用汽车产品,也无不低于原车配置的家用汽车产品向消费者更换的,消费者可以选择退货,销售者应当负责为消费者退货。

(3) 在家用汽车产品三包有效期内,符合本规定更换、退货条件的,消费者凭三包凭证、购车发票等由销售者更换、退货。

4. 时限要求

(1) 三包有效期内,符合更换条件的,销售者应当自消费者要求换货之日起 15 个工作日内向消费者出具更换家用汽车产品证明。

(2) 三包有效期内,符合退货条件的,销售者应当自消费者要求退货之日起 15 个工作日内向消费者出具退车证明,并负责为消费者按发票价格一次性退清货款。

(3) 三包有效期内,消费者书面要求更换、退货的,销售者应当自收到消费者书面要求更换、退货之日起 10 个工作日内,做出书面答复。逾期未答复或者未依法负责更换、退货的,视为故意拖延或者无正当理由拒绝。

(4) 消费者遗失三包凭证的,销售者、生产者应当在接到消费者申请后 10 个工作日内予以补办。

5. 更换后三包期限

更换家用汽车产品后,销售者、生产者应当向消费者提供新的三包凭证,家用汽车产品保修期和三包有效期自更换之日起重新计算。

6. 汽车所有权转移与三包责任

家用汽车在保修期和三包有效期内发生所有权转移的,三包凭证应当随车转移,三包责任不因汽车所有权转移而改变。

7. 三包责任免除的条件

(1) 易损耗零部件超出生产者明示的质量保证期出现产品质量问题的。

(2) 消费者所购家用汽车产品已被书面告知存在瑕疵的。

(3) 家用汽车产品用于出租或者其他营运目的的。

(4) 使用说明书中明示不得改装、调整、拆卸,但消费者自行改装、调整、拆卸而造成损坏的。

(5) 发生产品质量问题,消费者自行处置不当而造成损坏的。

(6) 因消费者未按照使用说明书要求正确使用、维护、修理产品,而造成损坏的。

(7) 因不可抗力造成损坏的。

(8) 无有效发票和三包凭证的。

8. 三包退回车辆处理

更换、退货的家用汽车产品再次销售的,应当经检验合格并明示该车是"三包换退车"以及更换、退货的原因。"三包换退车"的三包责任按合同约定执行。

9. 购置税和保险依合同可退

根据汽车三包规定,消费者新购买了一辆车,如果因质量问题,通过与经销商、生产企业商榷并达成退车协议,那么购车所产生的购置税同样可以退还给消费者。如果因质量问题退车,按照已缴税款每年扣减10%的计算方式退税,购车未满一年,可以申请全额退税。此外,购车初期缴纳的保险费用同样可以申请退还。根据《保险法》要求,保险责任开始前,投保人要求解除合同,只需收取投保人手续费,其余全部退还,保险责任开始后,按照合同约定扣除自保险责任开始之日至合同解除之日应收的部分费用,其余退还投保人。

10. 出现争议的解决办法

一旦买卖双方因质量问题产生争议,消费者和销售商、主机厂不愿通过协商解决问题,或者通过协商无法达成一致意见时,寻求质量争议的解决流程是怎样的呢?据悉,消费者可以选择向各级消费者保护组织投诉或向质检、工商等行政部门申诉的形式反映问题,通过消费者组织或行政部门的调解来解决争议。在方式上,消费者可以通过信函、电话或网络等形式进行投诉,为了使处理投诉的组织或部门了解情况,消费者要提供必要材料,包括车辆的信息、车辆出现质量问题的描述、车辆维修记录等,同时针对反映的问题,消费者要提出合理诉求。

三、索赔

索赔是指汽车经销商根据汽车厂家的质保政策和三包规定对车辆出现的质量问题进行免费修理、更换或换车，然后再针对该项目向汽车厂家提交相关信息并申请赔付。如车辆首次保养是免费的，但对于汽车经销商来说，保养费用是实际产生了，只是为这笔费用买单的不是客户而是汽车厂商，所以对于汽车经销商来说，新车赠送的保养就是索赔工作之一。

汽车质保和索赔工作流程如图 3-42 所示。需要注意的是，在工作中，如果索赔专员鉴定对客户的维修项目是可以进行保修的，那么服务顾问按照流程给客户做好接待工作，不同的是为这次维修项目买单的不是客户，而是厂家。

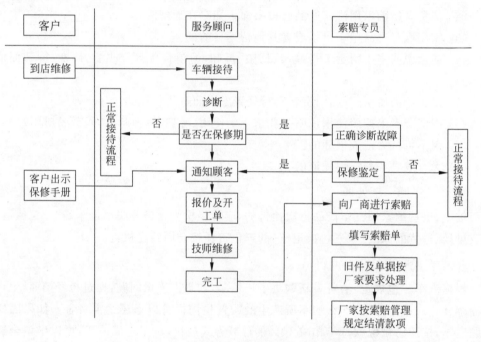

图 3-42 汽车质保和索赔工作流程

另外，目前有些汽车厂家规定汽车经销商需配备专职的索赔专员与厂家进行索赔的对接工作，并进行经销商保修项目的接待工作。在图 3-42 所示的流程图中，如果索赔员鉴定可以保修，那么从通知客户开始的工作就由索赔专员负责进行，服务顾问只需与索赔专员做好客户信息的交接工作即可。

新车赠送的保养虽然也是索赔工作之一，但是这种业务从头到尾都应由服务顾问接待，服务顾问在做好保养接待流程的同时，需要注意客户资料的收集，最后需要交给索赔专员统一向厂家索赔费用。客户资料包括行驶证、保养手册的保养赠送单、维修任务委托书、结算单等，根据汽车厂家的要求进行收集。

按照国内汽车厂家的规定，新车可以索赔，维修时更换的零部件也可以索赔，但前提条件是，这个零部件是在厂家的特约维修站购买并安装的。为避免因汽车质量问题而引起索赔纠纷,在购买新车后应告知客户一定要注意以下事项。

(1) 认真阅读使用说明书。汽车是一种特殊商品,结构复杂,专业技术强,不同的车型性能特点各不相同,说明书中有正确使用车辆的方法,车主应该严格按照说明书的操作方法使用车辆。

(2) 新车质保期内,不要做没有经过汽车生产厂家认可的改装。因为改装容易导致人为因素的故障发生,而汽车厂家不认可这种索赔。

(3) 定期维护汽车是车主享受质量担保的重要前提,不同车型要求的维护里程、时间、形式有可能会不同。如果车主是严格按照要求到指定汽车服务站进行定期维护,在质保期内对享受质量担保是非常有利的。

(4) 索赔时,客户应出具三包凭证、保养手册、购车发票等资料,要提醒客户妥善保管好这些资料。

 学习测试

一、选择题

1. 车辆质保期从(　　)起计算。
   A. 用户提车之日　　　　　　B. 用户购车开发票之日
   C. 首保之日　　　　　　　　D. 用户下订金之日

2. 车辆在质保期内出现故障,必须满足(　　)条件,厂家才给予免费修理或更换。
   A. 完成首次保养　　　　　　B. 完成定期保养
   C. 保持损坏件的原始状态　　D. 以上都是

3. 《家用汽车产品修理、更换、退货责任规定》,自2013年10月1日起施行。规定指出,新车保修期不应少于(　　)。
   A. 2年或行驶50 000km　　　B. 3年或行驶60 000km
   C. 3年或行驶100 000km　　　D. 5年或行驶100 000km

4. 以下(　　)情况不属于汽车厂家责任免除范围。
   A. 因车主使用不当造成的损坏
   B. 车辆进行了经过汽车厂家认可的改装
   C. 车辆没有定期进行保养
   D. 由于车祸造成的车辆损坏

5. 以下(　　)不属于新车易损件。
   A. 轮胎　　　B. 空气滤清器　　　C. 制动盘　　　D. 蓄电池

二、判断题

1. 新车售出后60日之内或行驶里程3000km之内,出现发动机部件严重故障时,消费者可以选择退车。　　　　　　　　　　　　　　　　　　　　　　(　　)

2. 超过保修期的车辆,客户在4S店购买并安装的零件,其零件保修期在自更换之日起24个月或60 000km内。　　　　　　　　　　　　　　　　　　　(　　)

3. 新车售出后60日内或行驶里程3000km内,ABS系统(或ESP、EBD、BAS系统)

故障失效时,消费者可以选择退车。（　　）

4. 质量担保期内质量担保更换的备件,其质量担保期属于整车新车质量担保期范围,随整车质量担保期的结束而结束。（　　）

5. 三包退换车转售他人时,经销商对此车仍负有三包责任。（　　）

6. 申请三包时,客户应携带三包凭证、购车发票、保养手册等资料。如果资料不全的,经销商可以拒绝给予三包。（　　）

7. 消费者新购买了一辆车,如果因质量问题,通过与经销商、生产企业商榷并达成退车协议,那么购车所产生的购置税可以退还给消费者。（　　）

8. 不论车辆的故障是否属于索赔范围,维修更换下来的旧件客户都可以带走。（　　）

9. 新车赠送的首次保养就是索赔工作之一。（　　）

10. 更换家用汽车产品后,销售者、生产者应当向消费者提供新的三包凭证,但三包有效期仍从原购车发票上的日期开始算起。（　　）

单元小结

（1）汽车定期保养和维护的目的是使车辆的性能保持在良好的状态,确保车辆的安全性,以及较佳的经济性,延长车辆的使用寿命。

（2）大部分车系的保养周期为5000km(6个月),里程和时间以先到者为准。实际使用中如果车辆的行驶路况较差,保养周期应适当地缩短。

（3）按照汽车保养作业流程,保养作业包括室内检查、车身检查、发动机室的检查和底盘部位的检查四个方面的内容。

（4）每次保养必换零件是机油、机油滤清器和放油螺栓垫片,其他易损件按其更换周期进行更换。

（5）汽车在质保期内,经鉴定属于车辆质量问题的,由厂家提供无偿维修或更换相应零件。质保期内非全车所有零件都担保,易损件的质保期较短,应查看保修手册的说明,并注意免责条款。

（6）2013年10月1日起施行《家用汽车产品修理、更换、退货责任规定》。该规定凸显了消费者的包换、包退权益。车辆出现质量问题后,消费者有权依法进行车辆的更换或退货,而不再仅仅是包修。

（7）家用汽车的包修期限是不低于3年或者行驶里程60 000km,三包有效期限是不低于2年或者行驶里程50 000km。当车辆超过三包有效期,但仍在保修期,则仍可以享受包修服务。当车辆超过保修期但仍在规定的质保期内,则仍可以享受保修服务。

（8）索赔是指汽车经销商根据汽车厂家的质保政策和三包规定,对车辆出现的质量问题进行免费修理、更换或换车,然后再针对该项目向汽车厂家提交相关信息并申请赔付。新车可以索赔,在厂家的特约维修站购买并安装的零部件也可以索赔。索赔时,客户应出具三包凭证、保养手册、发票等资料。要提醒客户妥善保管好这些资料。

单元四

客户关系的经营与管理

客户是企业的生存和发展之本。作为服务顾问,应学会经营和管理客户关系,与客户建立起良好的关系,并通过优质的服务赢得客户的满意和认可,留住老客户,开发新客户,为企业带来稳定的客源。以客户满意为目标,树立良好的服务意识,端正服务态度,规范服务行为。另外,在汽车售后服务中客户投诉时有发生,服务顾问应能够正常地对待客户的投诉,具备客户投诉处理的能力。

任务一 客户关系管理概述

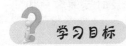

学习目标

(1) 了解客户关系管理的起源与核心思想。
(2) 能描述客户关系管理的意义。
(3) 知道如何管理客户关系。

企业的竞争重点正在经历着从以产品为中心向以客户为中心的转移,众多企业将客户看作其重要的资产,不断地采取多种方式对客户实施关怀,以提高客户的满意度,客户关系的管理由此产生。客户关系管理(Customer Relationship Management,CRM)是企业利用相应的信息技术以及互联网技术来协调企业与客户间在销售、营销和服务上的交互,从而提升其管理方式,向客户提供创新式的、个性化的客户交流和服务的过程。其最终目标是吸引新客户、保留老客户以及将已有客户转为忠诚客户,增加市场份额。

一、客户关系管理的起源与发展

最早发展客户关系管理的国家是美国,在 1980 年年初便有所谓的"接触管理"(Contact Management),即专门收集客户与公司联系的所有信息。1985 年,巴巴拉·本德·杰克逊提出了关系营销的概念,使人们对市场营销理论的研究又迈上了一个新的台阶;到1990年则演变成包括电话服务中心支持资料分析的客户关怀(Customer Care)。

1999年,Gartner Group Inc. 提出了 CRM 概念。Gartner Group Inc. 在早期提出的 ERP(Enterprise Resource Planning,企业资源计划)概念中,强调对供应链进行整体管理。而客户作为供应链中的一环,为什么要针对它单独提出一个 CRM 概念呢?原因之一在于,在 ERP 的实际应用中人们发现,由于 ERP 系统本身功能方面的局限性,也由于 IT 技术发展阶段的局限性,ERP 系统并没有很好地实现对供应链下游(客户端)的管理,针对 3C 因素中的客户多样性,ERP 并没有给出良好的解决办法。另外,到 20 世纪 90 年代末期,互联网的应用越来越普及,CTI、客户信息处理技术(如数据仓库、商业智能、知识发现等技术)得到了长足的发展。结合新经济的需求和新技术的发展,Gartner Group Inc. 提出了 CRM 概念。从 20 世纪 90 年代末期开始,CRM 市场一直处于一种爆炸性增长的状态。

二、客户关系管理的核心思想

客户关系管理是一个不断加强与客户交流,不断了解客户需求,并不断对产品及服务进行改进和提高以满足客户需求的连续过程。客户关系管理的核心是客户价值管理,它将客户价值分为既成价值、潜在价值和模型价值,通过一对一营销原则,满足不同价值客户的个性化需求,提高客户忠诚度和保有率,实现客户价值持续贡献,从而全面提升企业的盈利能力。

在信息网络如此发达的今天,客户掌握着信息获取和商品选择的主动权,企业能否为客户提供一对一服务、个性化服务,满足客户的特殊需求,成为企业的重要竞争力之一。而客户关系管理的理念恰恰是以客户为中心,详细管理客户的信息,及时反馈客户的问题,尽最大的努力满足客户的需求。

三、客户关系管理的意义

良好的客户关系管理可以给企业带来很多益处。从客户开发和维护成本而言,维护老客户的成本一般为开发新客户成本的 1/6,持续良好的客户管理能提升客户忠诚度,降低拓客成本,维持业绩的稳定。从业绩出发和市场发掘而言,良好的客户关系管理能逐步提升客单价,真正做到客户专属服务体系,从而最大限度地提升业绩。从品牌维护和宣传而言,好的客户关系管理在提升忠诚度的同时,还能有口碑宣传,无形中树立企业品牌形象。

客户是企业生存和发展的基础。企业应将以客户为中心的理念体现在企业运营的每个环节,处处为客户着想,为客户提供满意的服务,这样才能在激烈的市场竞争中处于不败之地。

四、客户关系管理的目标

客户关系管理的目标包括三个方面:第一,挖掘、获得、发展和避免流失有价值的现有客户;第二,更好地认识实际的或潜在的客户;第三,避免或及时处理"恶意"客户。就是要求管理者实现客户关系在更多、更久、更深角度的发展。

更多：客户关系数量的增加，即通过获取新的客户，赢返流失的客户和识别出新的细分市场来增加企业所拥有的客户关系的数量。

更久：表示现有客户的关系生命周期的延长，即通过培养客户忠诚、挽留有价值的客户关系、减少客户流失、改变或放弃无潜在价值的客户等来延长生命周期的平均长度，发展与客户的长期关系。

更深：现有客户关系质量的提高，即通过交叉销售和刺激客户的购买倾向等手段使客户购买的数量更多、购买的品种和范围更广，从而加深企业与客户之间的客户关系，提高每一个客户关系的质量。

五、客户关系管理的目标实现方法

1. "更多"——带动客户关系数量的增长

客户关系管理的目标首先是带动客户关系数量的增长，这是提高企业产品销量和利润的基础，实现"更多"的途径有三个：挖掘和获取新客户、赢返流失客户、识别新的细分市场。

（1）挖掘和获取新客户

虽然赢得一个新客户的成本要高于挽留一个老客户，但由于企业不能保证不发生客户流失，因此企业在挽留老客户的同时，应当发展新客户，这可以起到补充和稳定客户源的作用。

（2）赢返流失客户

赢返流失客户是指恢复和重建与已流失的客户之间的关系，主要针对那些曾经是企业客户、因某种原因而与企业终止关系的客户。

（3）识别新的细分市场

识别新的关系细分市场，也可以有效地增加企业的客户关系量。

2. "更久"——延长客户关系的生命周期

"更久"关注的主要是客户关系的持续时间增长，主要任务就是加强客户忠诚和客户挽留，延长客户关系生命周期。

（1）客户忠诚

忠诚的客户能为企业带来丰厚的利润，具有很高的客户价值。真正的忠诚客户包括行为和态度两个层面，它意味着客户对自己偏爱的产品和服务具有强烈的在未来持续购买的愿望，并且付诸行动进行重复购买。这种客户不会因为外部环境变化或竞争对手的营销活动而改变购买行为。

（2）客户挽留

越来越多的研究表明"挽留一个现有客户比吸收一个新客户更经济"。美国学者雷奇汗通过对美国信用卡业务的研究发现，"客户挽留率每增加5%，可带来公司利润60%的增长。"

客户挽留的基本做法：实时监控和评估客户与企业的关系质量。

3．"更深"——促进客户关系的质量提高

"更深"是指客户关系的质量提高，其实现手段有交叉销售、追加销售与购买升级。

（1）交叉销售

交叉销售是指借助客户关系管理来发现现有客户的多种需求，并为满足他们的需求而销售多种不同产品或服务的一种新兴销售方式；是努力增加客户使用同一家公司的产品或服务的销售方法。事实证明，客户往往会倾向于从同一企业购买越来越多种类的产品。交叉销售是一种培养稳固的客户关系的重要工具。

（2）追加销售与购买升级

追加销售与购买升级强调的是客户消费行为的升级，客户由购买低盈利性产品转向购买更高盈利性产品的现象。其特点是向客户提供的新产品或服务是建立在客户现行消费的产品或服务的基础之上的。

学习测试

一、选择题

1．在日益激烈的市场竞争环境下，企业仅靠产品的质量已经难以留住客户，成为企业竞争制胜的另一张王牌是（　　）。

　　A．产品　　　　　　　　　　　　B．服务
　　C．竞争　　　　　　　　　　　　D．价格

2．以下（　　）选项不是客户关系管理的目标。

　　A．挖掘、获得、发展和避免流失有价值的现有客户
　　B．更好地认识实际的或潜在的客户
　　C．避免或及时处理"恶意"客户
　　D．尽可能多地收集客户信息

3．客户关系管理的概念最初由（　　）公司提出。

　　A．IBM　　　　　　　　　　　　B．Gartner Group
　　C．Siebel　　　　　　　　　　　D．Microsoft

二、判断题

1．维持老客户的成本大大高于吸引新客户的成本。　　　　　　　　（　　）

2．客户关系管理的理念是以客户为中心，详细管理客户的信息，及时反馈客户的问题，尽最大的努力满足客户的需求。　　　　　　　　　　　　　　　　　　（　　）

3．忠诚的客户能为企业带来丰厚的利润，具有很高的客户价值。　　（　　）

三、简答题

1．什么是客户关系管理？

2．企业为什么要进行客户关系管理？

任务二 客户满意度管理

(1) 清楚什么是客户满意度。
(2) 了解客户满意度的影响因素。
(3) 掌握提高客户满意度的方法。
(4) 明确客户满意度的重要性,建立正确的服务观念。

一、客户满意度概念和特性

1. 客户满意度概念

客户满意度(Customer Satisfaction)也叫客户满意度指数,是指客户通过对产品或服务的实际表现与其期望值相比较后,所形成的感觉和状态。换言之,就是客户通过对一种产品或服务可感知的效果与其期望值相比较后得出的指数。**客户满意度可用下式表示。**

客户满意度＝真实体验(感受值)－客户期望

当客户感受值与客户期望一致,上述差值为零时,表示客户对服务或产品基本满意。当客户感受值超过客户期望,上述差值为正数时,客户就会感到"物超所值",就会很高兴,甚至赞叹,这个正数越大,客户满意度越高。相反,当差值为负数时,即客户感受值低于期望,表示客户对服务或产品不满意,这个负数数值越大,客户满意度越低。

2. 客户满意度的基本特性

客户满意度具有主观性、层次性和相对性三个基本特性。

(1) 主观性。客户的满意程度是建立在其对产品的使用上和服务的体验上,感受的对象是客观的,而结论却是主观的。它与客户自身条件如知识、经验、收入状况、生活习惯、价值观念等有关。

(2) 层次性。心理学家马斯洛指出需要有五个层次,处于不同需求层次的人对产品和服务的评价标准不同,因而不同地区、不同阶层的人或同一个人在不同条件下对某个产品或某项服务的评价可能不尽相同。

(3) 相对性。客户对产品的技术指标、操作性能和成本等经济指标通常不熟悉,他们习惯于把购买的产品和相同类型的其他产品,或和以往的消费经验相比较,由此得到的满意或不满意具有相对性。

二、影响汽车售后服务客户满意的因素

汽车维修服务不同于一般的商业服务,汽车维修服务同时服务两个对象:汽车和客户。因此,汽车维修服务不仅在车辆的维修方面要让客户满意,而且要对车主有良好的服

务,下面从这两方面介绍影响客户满意的因素。

1. 维修技术

在汽车售后服务中,客户第一条最基本的要求就是维修质量。汽车出现故障后,维修质量必定是客户最看重的,若故障不能排除或者维修不当,即使店面环境再好,服务再到位,整个维修对客户来说也无任何满意可言,甚至会引起客户投诉。

2. 维修效率

汽车成了代步工具后,客户没有车用,就像人没有了脚一样,难怪不少客户在送车时要反复叮嘱"××点××分我一定要来提车",同时由于现代生活节奏的加快,所以客户一定要求维修服务要快速高效。

3. 价值

导致客户不满的一个根本原因是他们感到从一项产品或服务所得到的价值不够。价值可以被简单地定义为质量与所支付的价格之比。对汽车维修服务来说,由于品牌店的成本高,所以服务价格普遍高于普通维修厂20%～30%,有的甚至更高。当客户选择了品牌店时,就意味着要付出比路边店更多的费用,因此消费者就希望能够得到品牌店的最优质服务。

4. 服务

汽车属于高档消费品,因此,客户对汽车售后服务档次的要求势必会相对较高。优质的服务会大大提高客户的满意程度。即使汽车没有出现故障,客户在需要对汽车做常规检查与保养时,仍会选择自己认可的维修企业。

三、提高客户满意度的措施

以人为本,不断改善和提升客户满意度是企业赢得客户,获得市场份额,战胜竞争对手的经营之道。提高客户满意度的措施如下。

1. 提高"一次就修好"率

由于汽车工业技术的飞速发展,特别是电子技术和各种新材料、新工艺在汽车上应用,所以要做到一次就把车修好,首先要求有先进的检测维修仪器。要完成技术含量越来越高的汽车维修,没有先进且专业的设备是非常困难的,通过利用先进的检测维修仪器可以缩短维修时间和提高维修质量。其次就是对维修技师的水平提出更高的要求。在这种形势下,汽车维修企业要尽快为自己培养出一支高素质、稳定的现代汽车维修骨干队伍。一方面加强师徒制培养模式的管理;另一方面可以加强内部技术练兵,来大大提高维修技师的维修水平。再者就是维修过程控制检验、维修后内检、车间终检,核心关键是相互监督、内部质检的监督实施,不要忽视每个人的质检控制意识。

另外,服务顾问的作用也非常重要。在询问客户的需求时,需要仔细、准确地把客户车辆的故障记录在委托书上,如果不够准确,就会导致故障的误判,使得客户不满。

2. 加强服务理念

多数企业接受——至少在口头上认同——这样的观念:"客户是我们的老板";客户

是"国王"或是"王后"。他们嘴上说客户永远是对的。他们乐此不疲地宣称客户是"我们这个组织存在的理由"。然而,说归说,实际的服务怎么样?通常是有差别的。对于汽车维修企业来说,可以规范服务标准和服务制度,加强定期对员工进行维修技术和提升客户满意度的培训和考核,每一位工作人员经过严格的考核后,方能上岗。此外,工作人员的整体素质也应予以提高,无论是工作着装还是语言规范,都要经过专业的培训。要尽力做到统一、规范的服务标准。

作为服务顾问,应该从思想上树立服务意识,努力做到对每一个客户都非常认真负责。当客户到服务站时,送上热情而真诚的微笑;客户需要救急时,会在第一时间赶到现场为客户解决问题;当客户无法到服务站维修时,也会尽最大的便利去方便客户,为客户接送车辆、解决问题。这就是做好优质服务的最好诠释。放低自己的姿态,站在客户的角度去考虑问题,想客户之所想,急客户之所急。

3. 合理的服务价格

对于汽车维修企业来说,可以在以下几方面注意服务价格对客户满意度的影响。

第一,价格要绝对透明并相对稳定。尽可能详细地将维修项目工时费及常用配件价格公布示众;第二,定价不宜过高,不可重复收费;第三,保证维修的合理性,不人为扩大维修项目——能修复的不更换,能小修的不大修,能简单的不烦琐;第四,服务收费估算要准确,为客户做出合理的服务收费估算,是赢得客户信任的第一步,反映了汽车维修企业经营管理的水平和接待业务素质的高低。也就是说,估算出来的价格,要经得起客户的市场调查和比较,让客户知道这里的报价给他带来了实实在在的利益。总之,应尽量降低客户的维修成本,如果只是追求利益最大化,必然会损害客户满意度。

4. 提高维修效率

正确而迅速地判断故障成因是保证维修质量、提高维修效率的基础。对于汽车维修企业来说,没有专用的检测维修仪器,完成技术含量越来越高的维修工作十分困难。只有与时共进,及时更换新的维修设备,才能为客户提供更快捷、更专业的售后服务,同时应做好预约工作的宣传。目前我国的预约率还比较低,所以应加大预约工作的宣传,这样汽车维修企业可以合理安排工作时间,提高工作效率。

5. 建立优良的售后服务和客服系统

认真地进行售后跟踪服务,及时了解客户对维修保养过程中的反馈意见,及时发现客户的不满并消除客户的不满,以利于企业发现不足、改进工作。及时处理客户投诉与抱怨,包含对网站论坛中车主建议的回复与投诉抱怨处理,周期总结并提出改进意见,有助于提升客户满意度与忠诚度,带来潜在客户,提高企业的市场竞争力。

6. 和客户建立亲善关系

对已经在4S店进站维修的基本客户要进行经常性的关系维护,一方面关心客户车辆使用情况;另一方面可以通过联系客户,进行情感沟通,赢得客户信任,客户将自己的信任向朋友推荐。对客户的维系还可以让客户感到自己被尊重和重视,通过这种途径还能收集关于产品改进的意见和建议,提高产品性能,完善产品形象。

7. 给客户一些意外的小惊喜

在服务的过程中,可利用一些"意外惊喜"来提高企业在客户心中的形象。例如,某客户开车来服务中心大修,并没有要求提供代步车或接送服务,如果服务中心为他考虑到交通的不便,提供了车辆送他想要去的地方,那么就会让客户感到您的热心和惊喜服务。

客户满意度管理的最终目标是追求客户的忠诚度。只有客户的利益得到了最大的关注与满足,汽车维修企业的利益才能得到根本的保证。汽车维修企业必须真心实意地从影响客户满意度的各个方面、各个环节为客户着想,想方设法使客户满意。如果只是追求利益最大化。客户满意度得不到提升,汽车维修企业的利益同样会受到损害。

学习测试

一、填空题

1. 客户满意度取决于_____和_____之间的比较。
2. 客户满意度具有_____、层次性和相对性三个基本特性。
3. 在汽车售后服务中,客户第一条最基本的要求是_____。
4. _____是企业赢得客户,获得市场份额,战胜竞争对手的经营之道。

二、简答题

1. 如何提高客户的满意度?
2. 请分析影响客户满意的因素。

任务三 客户投诉处理

学习目标

(1) 正确看待客户投诉,熟练掌握客户投诉处理的原则。
(2) 明确客户投诉处理步骤与技巧。
(3) 具备一定的客户投诉处理的能力,能够正确处理常见的客户抱怨与投诉问题。

客户投诉是客户对所购产品或服务感到不满意而通过言行等方面的积极的表达方式。客户投诉时有发生,对其采取什么做法决定了我们是否能够使客户满意和客户忠诚。恰当地处理客户投诉是重要的售后服务工作。

一、正确看待客户投诉

1. 客户抱怨的危害

有调查数据表明,抱怨的客户中只有约4%的客户会选择投诉,而96%的客户不打算投诉,而是选择转身离开,也就意味着客户的流失。另有调查数据说明,对商家满意的客户,只有6%会告诉自己的亲友,而对商家不满的客户,则有28%会告诉自己的亲友。正所谓"好事不出门,坏事传千里"。随着信息传播手段的日益先进,这种现象会越来越凸显。还有调查数据表明,如果客户对投诉解决满意,80%会继续选择原来的商家,而如果不满意,则只有5%还会选择原来的商家。客户投诉若处理不好,不仅对生产厂商产生负面影响,影响其品牌形象,同时也造成客户的流失,降低经销商的营业额。

2. 客户投诉的渠道

客户投诉的渠道有很多,常见的有到经销商处进行面对面投诉,拨打厂家、经销商的服务热线进行投诉,拨打12315或通过媒体进行投诉,在客户回访时进行投诉等。

3. 产生客户投诉的原因

客户投诉的起因有很多种,如产品质量、服务态度、价格分歧等,归纳起来就是一条:客户的所得与所想发生了差异。在售后服务方面,客户投诉的主要内容有以下几个方面。

(1) 服务质量

服务质量未能达到客户的期望值,如服务人员不够热情、说明解释工作不清楚、服务人员缺乏耐心、长时间无服务人员接待、长时间没有安排维修、长时间等待结算等。

(2) 维修质量

车辆故障不能一次性修好、同一问题多次出现、问题长时间没有解决、未对客户车辆进行防护、出厂时车辆不干净等。

(3) 配件类

未能及时供应车辆所需配件、配件价格过高、配件或附件配件的外观质量或耐久性等质量问题。

(4) 服务承诺没有履行

未按约定时间交车、结算金额超出预期、未使用纯正备件、未按客户要求作业等。

4. 处理客户投诉的意义

过去,在经营者的观念中客户一抱怨,经营者总是认为他们在找麻烦,而且只认识到了抱怨给经营者带来的负面影响。但实际上这种观念是偏颇的。从某种角度来看,客户的抱怨实际上是企业改进工作、提高客户满意度的机会。对于客户的不满与抱怨,应采取积极的态度来处理。

(1) 客户抱怨是企业的"治病良药"

企业成功需要客户的抱怨。客户抱怨表面上让企业员工不好受,实际上给企业的经营敲响了警钟,说明企业的管理存在缺失。正确地处理客户投诉,通过解决投诉发现问题,进而改善工作,提升服务,完善管理,从而可以为企业赢得更多的回头客。

(2) 提升企业的形象

客户抱怨发生后,尤其是公开的抱怨行为,企业的知名度会大大提高,企业的社会影响的广度、深度也不同程度地扩展。但不同的处理方式,直接影响着企业的形象和美誉度的发展趋势。在积极的引导下,企业美誉度往往会经过一段时间下降后反而能迅速提高,有的甚至直线上升。而消极的态度,听之任之,予以隐瞒,与公众不合作,企业形象和美誉度会随知名度的扩大而迅速下降。

(3) 提高客户忠诚度

有研究发现,提出抱怨的客户,若问题获得圆满解决,其忠诚度会比从来没遇到问题的客户要高。因此,客户的抱怨并不可怕,可怕的是不能有效地化解抱怨,最终导致客户的离去。反而,若没有客户的抱怨,倒是有些不对劲。哈佛大学的李维特教授曾说过这样一段话:"与客户之间的关系走下坡路的一个信号就是客户不抱怨了。"

美国一家著名的消费者调查公司 TRAP 公司曾进行过一次"在美国的消费者抱怨处理"的调查,并对调查结果进行了计量分析,以期发现客户抱怨与再度购买率、品牌忠诚度等参量之间的关系。TRAP 公司的研究结果表明,对于所购买的产品或服务持不满态度的客户,提出抱怨但却对经营者处理抱怨的结果感到满意的客户,其忠诚度要比那些感到不满意但却未采取任何行动的人好得多。具体来说,他们的研究结果显示,在可能损失的 1～5 美元的低额购买中,提出抱怨但却对经营者的处理感到满意的人,其再度购买比例达到 70%。而那些感到不满意却也没采取任何行动的人,其再度购买的比例只有 36.8%。而当可能损失在 100 美元以上时,提出客户抱怨但却对经营者的处理感到满意的人,再度购买率可达 54.3%,但那些感到不满意却也没采取任何行动的人其再度购买率却只有 9.5%。这一研究结果一方面反映了对客户抱怨的正确处理可以增加客户的忠诚度,可以保护乃至增加经营者的利益。另一方面也折射出这样一个事实:要减少客户的不满意,必须妥善地化解客户的抱怨。

二、客户投诉处理原则

客户投诉是宝贵的资源,处理好了可以有效地化解客户的怨气,最大限度地留住客户,但是如果处理不当,这些投诉同样可以给企业带来巨大损失。在处理客户投诉时必须遵循以下原则。

1. 第一原则:先处理心情后处理事情

大多数情况下,来投诉的客户情绪激动、口不择言。服务人员在处理投诉时,必须控制自己的情绪,保持冷静、平和。根据先处理心情后处理事情的原则,改变客户投诉时的暴躁心态,然后再处理投诉内容,帮助客户解决问题。如客户表现出非常气愤、焦急、伤心、激动等异常的情绪,首先要自我暗示,让自己保持冷静,再去安抚客户。安抚客户时,要从客户的角度出发,同情和理解客户,学会转移客户注意力。一般安抚语:"发生这样的事,真是够烦的。不过,我们应该积极面对才是,对吗?""请您息怒,我非常理解您的心情,我们一定会竭尽全力为您解决的。"

2. 基本原则

(1) 不回避,第一时间处理

针对客户投诉,必须第一时间处理,绝不能回避、推诿、拖延,任何消极手段,都只会导致问题越来越严重。客户抱怨的目的主要是让员工用实际行动来解决问题,而绝非口头上的承诺。在行动时,动作一定要快,这样一来可以让客户感觉受到尊重;二来表示经营者解决问题的诚意;三来可以防止客户的负面宣传对公司造成重大损失。

(2) 首问责任制

售后服务中的任何服务人员都要有首问责任制的意识,对于客户提出的任何抱怨及投诉,无论是否是自己职责范围内的事,都要热情接待,并及时了解事情缘由,负责引导客户找到相应的责任人进行后续处理。切不可推三阻四,很多投诉,本来事情不大,但是在被推到多个部门轮番处理之后,客户就会被激怒。

(3) 不做过度承诺

在投诉处理过程中,不要对客户做出过度的承诺,努力寻求双方认可的服务范围,争取双赢。什么是过度承诺呢?曾经有这么一个发生在东北地区的案例。

客户王先生来检查行驶中前轮异响,后经维修技师检查确定需要更换右前轮轴承,但当时因为配件缺货所以需要重新订购。几天后,SA 小张通知王先生已到货,可以进站来更换了,但当王先生进站后却得知配件因为一些不可抗力造成了质损,无法使用。于是,他就向小张发脾气:"我的工作很忙,到你们站来回要 3 个多小时,请你没有确定好就不要通过我来,你看这事怎么解决吧!"此时的小张只能在一边赔着笑,一边说:"您放心,这配件 2 天内一定可以到达,我们上门负责帮您更换,您先消消气!"但是,天有不测风云,因为气候的原因,导致北方地区很多站点的配件无法正常送达。2 天后王先生亲自来店,仍不能给予维修,于是他大发雷霆。

案例中,SA 小张给予了客户这种带有时间性的承诺,虽然本意是为了给客户留下一个效率高、服务好的印象,但由于各种意想不到的变故,反而使结果变得很被动。投诉处理,一定要杜绝这类的过度承诺,即使是有把握的事,也不可以说得太圆满。

三、客户投诉处理步骤

每个企业应对客户的投诉都要有一套自己的处理方法,图 4-1 所示为奇瑞汽车客户投诉处理流程。尽管各个企业的处理流程不尽相同,但基本上可以归纳为以下几个步骤。

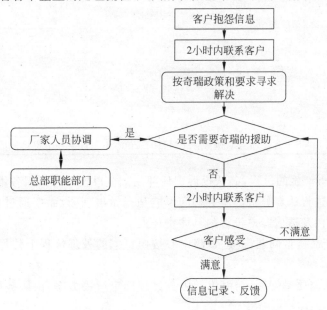

图 4-1 奇瑞汽车客户投诉处理流程

(1) 接受并记录客户投诉。接到客户投诉电话后，服务顾问不可和客户争论，要注意鼓励客户及时投诉问题，在客户诉说的过程中切记不能打断他们，以免增加已有的愤怒和敌意，使问题变得更加难以处理。服务顾问在接受投诉时一定要做好记录，根据客户投诉处理表详细记录客户投诉的全部内容，如投诉人、投诉时间、投诉对象、投诉事件、投诉要求等。表 4-1 为客户投诉处理表。

表 4-1 客户投诉处理表

顾客投诉处理表

服务站名称：		服务站代码：			
客户姓名		电话	谁投诉？	受理编号	
车型		公里数		投诉方式	
购车日期		车牌号		接待人员	
被投诉人员		被投诉部门		受理日期	
投诉内容： 投诉什么？					
处理方法： 怎么处理的？					
最后结果： 能避免吗？					
负责人：					

备注：表格编号采用"年＋月＋序号"，例如：20040101(2004 年 1 月第一个投诉)

(2) 调查投诉产生的过程，确认投诉责任部门。客户投诉的原因各不一样，必须在弄清事实的基础上进行认真分析。服务顾问不能马上做出判断，而要通过内部调查查明客户投诉的真实原因及造成客户投诉的具体责任人。

① 如果是产品质量问题，通过索赔中心按照厂家的处理流程上传厂家，由厂家指定投诉处理部门。

② 如果是维修质量问题，则由售后服务经理确定解决方案，由服务顾问负责处理安排客户返修。

③ 如果是服务质量问题,由服务经理确定解决方案予以解决。

④ 导致重大责任事故的,上报总经理并由总经理协调各部门进行处理。

(3) 提出有选择的解决方案。依据公司政策和规定,并参照客户的诉求,提出解决投诉的具体方案,如退货、换货、免费维修、提出免费服务、适当补偿等方式,解决方案不应超出服务能力范围。

服务顾问要冷静地判断事件是否在自己权限内可以处理,如果超出自己权限的投诉,需立即上报,由公司出面或上级管理人员处理,但服务顾问依然有责任将客户负责到底,直到把客户问题圆满解决。

(4) 寻求客户认同与支持。处理投诉时服务顾问应保持中立公平,尊重客户的观点,耐心地与客户沟通,争取客户的认同与支持。如果客户对解决方案不满意,要询问客户的意见,寻找新的解决方案。

(5) 执行商定的解决方案。在客户认可并达成协议后,应该立即执行商定的解决方案,以最快的速度帮助客户解决问题,客户会欣赏你迅速采取行动消除问题的任何努力。应与客户明确投诉的处理方式与时限,并向客户汇报处理过程。处理投诉的时间是客户对汽车企业服务能力与服务品质评价的一个重要指标。如果处理时间拖得太久,不仅不利于问题的解决,反而会增加处理投诉的成本并且问题可能会进一步的恶化。

(6) 后续跟踪。投诉处理完成后,要及时对客户进行跟踪回访,了解客户对处理结果的满意程度,可以通过电话、E-mail、客户拜访等形式完成。如果客户不满意,依据客户投诉处理流程重新处理。

(7) 总结经验。为了避免再次发生同样问题,必须对客户的投诉进行细致的分析和总结,找出工作中存在的问题,及时做出调整,并制定预防改进措施。

四、客户投诉处理技巧与禁忌

把客户投诉处理好,不仅可以增强客户的忠诚度,还可以提升企业的形象,如果处理不当,不但会丢失客户,还会给公司带来负面影响。

1. 客户投诉处理技巧

(1) 用心倾听

"客户投诉是好事,客户投诉无小事",接到客户投诉,既不畏惧,更不能反感。要避免表现出一种防卫的姿态,也不要提出额外的细节要求。客户的投诉总有他的道理,因为它对客户来说是确实存在的问题。不要自我辩解,也不要对你的反应试图解释。用心倾听客户投诉的问题,倾听的态度能很快满足客户求尊重的心理。同时从聆听中,你可以发现客户的真正需要,从而获得处理投诉的重要信息。

(2) 感同身受

以感同身受的态度应对投诉,就意味着要把自己放到客户的位置,设身处地感受客户的问题。可以这样表达对客户的理解:"很抱歉让您失望了。""嗯,是的,如果我遇到这样的事,也会有这样的反应。""我理解您为什么生气。"这里的道歉仅仅是表达因为客户使用我们提供的产品或服务而带来的不便或麻烦表示歉意,与事件的责任没有关系,所以服务顾问要始终坚信,不论客户的抱怨是否听起来合理,都要先道歉,然后再寻求解决方案,有时候照顾客户的面子比解决具体问题更重要。

（3）感谢客户

一位明智的企业管理者会经常感谢那些对自己的产品和服务提出批评指导意见的客户，因为这会帮助企业发现问题，进而提高管理水平和服务质量。所以感谢客户提出并告诉你问题，以便你改进工作，更好地为他服务；感谢客户打来电话，你觉得和他沟通很愉快。客户的投诉往往起源于我们的失误，客户的愤怒往往起源于我们的冷漠和推诿。所以客户投诉之前预期这将是个艰苦的对决，而服务顾问真诚的感谢会大大出乎客户的预料，客户的情绪也将会很快得到平复。

（4）管理客户的期望

服务顾问在向客户说明自己能做什么、不能做什么时，就应该着手管理客户的期望。不要只是告诉客户自己不能做什么，例如："我不能这么做。"大多数人所犯的错误就是告诉对方我们不能做什么，这种错误就好像在向别人问时间时，他回答："现在不是 11 点，不是中午。"因此，服务顾问应该直接告诉客户自己能够为他做什么。

（5）超越期望、适当补偿

服务的目的是把每位客户留住，努力创造忠诚的客户和口碑效应。在处理好客户投诉后，不要以为弥补完了过失，使客户的心理得到平衡后就草草收场，应该利用这次机会将投诉客户变为忠诚客户，当客户就处理方案达成一致后，以超出客户预期的方式给予一些补偿。这种补偿表明了你愿意为此付出努力。这种额外的姿态有助于安抚客户，赢回他的忠诚。服务业的胜败关键就是回头客，所以"善终"比"善始"更重要。

（6）必要时改变地、人、时

根据客户投诉的强度，可以采取变更"地、人、时"的方法。"变更场地"，将客户从门厅请入会客厅，尤其对易感情用事的客户，换个场所较能让客户恢复冷静；"变更人员"，请出高一级的人员接待以示重视；"变更时间"，与客户约定另一方便时间，专门解决问题，要以时间换取冲突冷却的机会，这种方法的要点是无论如何要让对方看出企业的诚意，使投诉的客户恢复冷静，也不会使投诉扩大化。

2. 不同类型客户的应对方法

抱怨客户有现实型、宣泄型、秋菊型和习惯型几种类型，如图 4-2 所示。针对不同类型的客户，应采用不同的应对方法。

（1）现实型（被迫型）

特征：客户本身并没有什么抱怨或者对我们的处理感到可以接受，但客户的上司、妻子或者朋友有很多意见、建议，客户夹在中间进退两难，不得已做出投诉的样子。

应对方法：动之以情，晓之以理，使客户做出自己的判断；给客户向他人解释的依据，让客户帮忙说话；直接和客户的上司、妻子对话，说明真实情况。

（2）宣泄型

特征：来店抱怨宣泄是主要目的之一，本身并没有明确的目的，只是为了借机宣泄对某些认为不合理又无法说出口的事情的不满，比如加价购买车辆、超出保修期的维修、保养费用过高的抱怨。

应对方法：花点时间耐心倾听，等客户冷静后，安抚其情绪，适当给予其他方面的优

(a) 现实型

(b) 宣泄型

(c) 秋菊型

(d) 习惯型

图 4-2 抱怨客户的类型

惠,平衡客户心理。

(3) 秋菊型

特征:不管问题大小,无论如何也要个说法,甚至宁愿自己承担所需费用也在所不惜。

应对方法:委婉但明确地让客户了解处理的底线,降低客户的期望值;收集足够的依据,重塑客户期望值;可请客户信任的第三方参与,一起劝导客户;给予一定的补偿;如有机会就要当机立断、快速解决;做好持久战的准备。

(4) 习惯型

特征:像专家、领导或长者一样,习惯挑毛病或指出不足;本身并没有什么特别的不满,总喜欢表现自己的见多识广和高人一等;个别地区的文化习惯。

应对方法:用谦虚、尊敬的态度,耐心听取客户意见;表现出立即行动的姿态;尝试请客户给出建议,满足客户虚荣心。

3. 客户投诉处理禁忌

处理客户投诉的禁忌及正确的处理方法见表 4-2。

表 4-2 客户投诉的禁忌及正确的处理方法

禁 忌	正 确 方 法
立刻与客户讲道理	先听,后讲
急于得出结论	先解释,不要直接得出结论
一味地道歉	道歉不是办法,解决问题是关键
言行不一,缺乏诚意	说到做到
"这是常有的事"	不要让客户认为这是普遍性问题
"你要知道,一分价钱,一分货"	无论什么样的客户,我们都提供同样优质的服务
"绝对不可能"	不要用如此武断的口气

续表

禁 忌	正 确 方 法
"这个我们不清楚,你去问别人吧" "这个不是我们负责的,你问别的部门吧"	"为了您能够得到更准确的答复,我帮您联系×××来处理好吗?"
"公司的规定就是这样的"	"为了您的车辆良好的使用,所以公司制定了这样的规则"
随意答复客户	确认了准确信息再回访客户
"你别冲我喊啊,又不是我的事"	"你先别着急,慢慢说,我会帮您想办法"

五、客户投诉处理案例

案例1 客户在4S店买的车,刚买一个月,行驶1000km左右,昨天过来检查,发现半轴防尘套破损,客户要求索赔。经保修员查看,发现防尘套破了一个洞,明显是外力造成,同时发现其同一侧的轮胎也换过,怀疑是发生碰撞,因此拒绝索赔。但当时没有沟通好,造成客户的理解就是:由于客户自己更换轮胎,所以不给索赔半轴防尘套。因此,客户极为恼火,一直投诉,要求解决。

服务经理对该事件的处理。

(1) 准备工作

找保修员了解情况:保修员说已经拍了照片,照片上确实有一个明显的破洞,明显是人为造成。

(2) 了解客户的需求和真实意图

倾听客户的陈述:"我的车轮胎确实碰到了。在二级网点检查时,二级网点的师傅帮忙换了备胎,当时就发现了半轴防尘套破损,网点的师傅建议到4S店来处理,而你们却以换过轮胎为由不为我索赔,是严重的不负责任,我要向厂家投诉你们。"

从客户的陈述中得知,客户投诉的真实意图是索赔半轴防尘套,而且客户误理解为4S店因其更换过轮胎而不予索赔半轴防尘。

(3) 解决问题

① 耐心解释,消除客户的误解。

"我们不会因为您更换过轮胎而不为您索赔半轴防尘套,因为这两个东西没有联系。"

② 解释索赔条例。

"索赔是指由于零件本身质量问题造成的损坏,厂家是负责免费更换的。您的半轴防尘套的照片我也看过了,确实是由于外力造成的破损;因为您也知道,橡胶如果有质量问题,只会开裂,不会破一个圆洞,而按照厂家的保修政策,这样是不属于索赔范围的;至于说人为原因,不是说您故意把它弄坏,是由于外力的原因造成的就属于人为原因。"

(4) 问题解决

客户听完,表示可以接受服务经理的说法,并表示之前的服务人员没有解释清楚,把责任全部推到车主身上,卖了车就不管了,也不帮客户想办法。然后服务经理报一个维修的价格,请车主稍后有时间过来更换。

(5) 总结

毕竟不是每个客户都对车辆比较了解,新买的车出现故障,都会认为车辆本身质量有问题,这就需要服务人员耐心解释沟通,必要时可以让客户到第三方验证,这样就会取得客户的信任和理解。

案例 2　客户邱小姐来电反映:①购车前多交了保险费用,比实际交款多出 1000 元,当时 4S 店答应很快会退钱,但是一直没退,近期联系 4S 店要求退款,4S 店回应帮她购买玻璃险了。客户表示不要在 4S 店内购买玻璃险,要求 4S 店退还。②车顶行李架生锈,4S 店答应索赔,表示会给她致电叫她到店索赔的,但是过去半个多月了 4S 店没有致电通知。客户要求尽快索赔。

处理情况:从客户的描述得知,客户对于保险未退款和随意为其购买玻璃险及行李架索赔未得到解决不满。因此,相关的责任部门是销售部和售后服务部。将投诉情况反馈给销售部和售后服务部,由他们负责跟进解决。

(1)销售跟进情况:已预定本周五退款给客户。

(2)售后跟进情况:因行李架两边一起更换需打报告给厂家进行申请,故申请时间会稍长一些,当时已与客户说明可以帮忙申请,客户上次进店为 3 月 12 日(注:客户投诉时间为 3 月 21 日),并不是客户所说半个多月的时间无回复,已致电客户说明。仓库已下单向厂家订货,待配件到店后即通知客户进店更换。

最终处理结果:客服致电邱小姐核实投诉问题跟进情况,客户表示知情,对处理过程和结果表示满意。

案例分析:本事件主要是 4S 店没有履行承诺及时退款还自作主张为客户购买玻璃险,加之车顶行李架生锈激化了矛盾。在邱小姐正面投诉之后,4S 店快速解决了问题,说明 4S 店不是没有办事能力,而是服务顾问对客户的事情不上心导致问题堆积最终激化。这是大部分 4S 店乃至服务行业的致命缺点,服务行业讲的就是服务质量,最基本的服务都没有做好,客户凭什么信任你?怎么让客户放心地在你那里消费呢?该 4S 店的服务水平有待提高,等到客户投诉了才来想办法解决,就好比一面镜子,有了裂痕再怎么修复也是有瑕疵的。所以 4S 店服务人员在服务问题上一定要摆正态度。

技能训练

1. 课堂讨论

2012 年 9 月 5 日,客户王先生到维修站进行车辆常规保养及检修空调异响后,当晚发现空调仍有异响,于 7 日再次到维修站进行检查。

维修站检查后告知鼓风机损坏,维修费用约 200 元,但在更换前发现服务顾问报错了零件,实际价格应是 1000 多元。由于两者差额较大,致使客户产生抱怨,认为是由于维修站第一次检修不彻底导致,应由维修站承担责任。

请同学们以小组为单位,讨论分析本案中客户投诉的原因并提出解决问题的方法。

2. 课堂演练

情境:王先生购买新车三个月后,反映新车很费油(行驶每千米燃油消耗接近 1 元钱)。来服务店检查未发现异常,服务顾问告知是驾驶问题,王先生当即要求找经理投诉,要求退车……。如果你是服务经理,该如何处理王先生的投诉?

演练要求:以小组为单位进行演练,一人扮演服务经理、一人扮演客户,其他人员作为评估员观察并记录:服务顾问受理客户投诉过程存在的不足,应如何采取措施。

学习测试

一、选择题

1. 面对面处理客户抱怨的时候,如果客户抱怨的声音过大,你应该(　　)。
   A. 停止和他的交谈,等他把话讲完再慢慢说
   B. 使用和他同样大小的声音说话,以配合他
   C. 礼貌地打断客户,将他们带到合适的房间
   D. 礼貌地提醒他注意自己的言行

2. 客户抱怨处理的第一原则是(　　)。
   A. 先处理心情再处理事情　　　B. 首问负责制
   C. 第一时间处理　　　　　　　D. 不做过度承诺

3. 以下(　　)方式处理客户投诉是正确的。
   A. 不论什么原因,首先向客户道歉
   B. 认真倾听客户的陈述
   C. 立刻和客户讲道理
   D. 不论客户提什么要求,先口头上答应

二、判断题

1. 客户抱怨是一种满意程度低的最常见的表现形式,因此,没有客户抱怨就表明客户很满意。　　　　　　　　　　　　　　　　　　　　　　　　　　　(　　)

2. 客户的投诉无论对企业还是对销售商都会造成危害,业务接待员一定要制止客户投诉。　　　　　　　　　　　　　　　　　　　　　　　　　　　　　(　　)

3. 客户抱怨处理得好,不仅能够提高客户的忠诚度,还能够提升企业的形象。
　　　　　　　　　　　　　　　　　　　　　　　　　　　　　　　　(　　)

4. 忠诚客户和一般客户在接待时可以区别对待,以实现服务的差异化。　(　　)

三、简答题

1. 简述客户投诉处理的步骤。
2. 处理客户投诉时常用的技巧有哪些?

单元小结

(1) 客户关系管理是一个不断加强与客户交流,不断了解客户需求,并不断对产品及服务进行改进和提高以满足客户需求的连续过程。最终目标是吸引新客户、保留老客户以及将已有客户转为忠实客户,增加市场份额。

(2) 好的客户关系管理不仅能提高客户的忠诚度,增加企业收益,还能提升企业品牌形象。

　　(3) 客户满意度是指客户通过对产品或服务的实际表现与其期望值相比较后,所形成的感觉和状态,可用下式表示。

$$客户满意度 = 真实体验(感受值) - 客户期望$$

　　(4) 在汽车售后服务方面,影响客户满意的因素主要有维修技术、维修效率、维修价格和服务质量。

　　(5) 提高客户满意度的措施有：提高"一次就修好"率、加强服务理念、合理的服务价格、提高维修效率、建立优良的售后服务和客服系统、和客户建立亲善关系、给客户一些意外的小惊喜等。

　　(6) 客户投诉处理的第一原则是先处理心情后处理事情,第一时间处理、首问责任制、不做过度承诺等。

　　(7) 客户投诉处理步骤：①接受并记录客户投诉;②调查投诉产生的过程,确认投诉责任部门;③提出有选择的解决方案;④寻求客户认同与支持;⑤执行商定的解决方案;⑥后续跟踪;⑦总结经验。

　　(8) 客户投诉处理技巧：用心倾听、感同身受、感谢客户、管理客户的期望、超越期望、适当补偿,必要时改变地、人、时。

参考文献

[1] 曾鑫.汽车维修业务接待[M].北京：机械工业出版社,2013.
[2] 盛桂芬.汽车售后服务接待[M].北京：机械工业出版社,2015.
[3] 赵文霞.汽车4S店维修接待服务[M].北京：中国农业出版社,2015.
[4] 姜龙清,罗新闻.汽车维护与保养一体化教程[M].北京：机械工业出版社,2012.

附录一

服务顾问用语规范和行为规范

服务顾问工作时间的一言一行都代表着公司形象，服务顾问应规范工作用语和行为，树立良好、专业的形象，保证服务质量，提高客户满意度。附表1是服务顾问用语规范。附表2是服务顾问行为规范。

附表1 服务顾问用语规范

序号	用语环境	工作用语	语态
1	上午九点以前，第一次与客户见面	早上好！欢迎光临×××汽车服务	亲切、自然、热情
2	上午九点以后，第一次与客户见面	您好！欢迎光临×××汽车服务	亲切、自然、热情
3	工作忙，不能及时与客户商洽时	×××师傅(先生/小姐)，请稍候(或请您稍等一下)	诚恳、歉意
4	客人等候之后，重新洽谈开始时	×××师傅(先生/小姐)，对不起，让您久等了	诚恳、歉意
5	有业务方面的事需找客户商量时	您好！×××师傅(先生/小姐)，有关您车的事情，想和您商量一下	诚恳、尊重
6	与新客户见面时	您好！师傅(先生/小姐)，请问怎么称呼您	热情、谦恭、礼貌、主动
7	看到客户需要帮助，或不熟悉公司情况时	您好！×××师傅(先生/小姐)，需要我帮忙吗	主动、热情
8	发现车主的车有点堵塞交通时	您好！×××师傅(先生/小姐)，不好意思，请您把车移动一下	礼貌、歉意、商量口吻
9	客户开车(竣工后)离厂时	×××系师傅(先生/小姐)，您的车出厂以后，希望能与我们联系，有事请打服务电话	热情、礼貌、自然、得体
10	客户开车(竣工后)离厂时	×××师傅(先生/小姐)，感谢您的光临！欢迎再来！再见	亲切、礼貌、热情
11	当客户对工作有意见时或当工作人员征求客户工作意见时	×××师傅(先生/小姐)，请您对我们的工作多指教，我们会改正工作上的失误	诚恳、虚心

续表

序号	用语环境	工作用语	语态
12	当客户提出业务方向要求不能当时答复时	×××师傅（先生/小姐），您提出的要求我们明天再给您答复	诚恳、友好
13	客户提出意见时	×××师傅（先生/小姐），感谢您提出的宝贵意见，我们会从中吸取教训	虚心、大度、友好、诚恳
14	接电话的开头语	您好！×××汽车服务	亲切、热情
15	回答客户电话咨询之后	×××师傅（先生/小姐），感谢您的咨询，欢迎再联系	热情、主动
16	对客户的咨询提出答复以后征求服务意见时	×××师傅（先生/小姐），我的答复不知您是否满意，如有不足的地方请多指教	主动、谦虚、诚恳
17	当客户对公司工作提出意见或投诉时	×××师傅（先生/小姐），感谢您的信任！您提出的问题（反映的情况）我们一定认真处理，并尽快给您一个答复	诚恳、歉意
18	当客户对公司提出表扬或表示感谢时	×××师傅（先生/小姐），感谢您的支持，我们会更加努力做好本职工作	谦虚、稳重
19	上班时间一律以职务称呼领导，普通员工以名称呼	×××经理、×××主管、×××师傅	严肃、认真、不戏称诨名

附表 2　服务顾问行为规范

序号	动作环境	动作内容	动作要求
1	客户开车进入接待区域时	主动热情、面带微笑、快步走上迎接；主动与客户打招呼、点头致意	主动、热情、礼貌得体，让客户有宾至如归之感
2	当客户进入客厅准备洽谈业务时	走在客人左前方，用手指引前进的方向，然后与客人同时进入接待厅	动作简洁熟练、指示明确、让客户感到受到尊重
3	当客户进入接待厅时	接待员立即起身招呼致意，或引客户到服务台洽谈业务，或引客户到客座休息	热情主动，动作迅速，善于把握客户意愿，做正确引导
4	向客户介绍业务程序时	用简洁的语言有条有理地向客户作介绍，同时注意客户反应，客户仍有疑问时要耐心地再次介绍，直到客户清楚满意为止	语调平和、态度和蔼、用语专业熟练
5	当客户要求结算、提取车辆时	以熟练迅速的动作准备好结算资料，呈交客户过目，客户有疑问神态要做出相应解释	单据要完整，解释要清楚，事前熟悉客户相关资料
6	雨天见到客户进厂时	业务员要迅速拿起雨伞跑步过去为客户打伞	热情、主动、动作熟练
7	当客户落座准备洽谈业务休息时	送上一杯茶水，示意请客户喝水	热情、礼貌
8	与客户洽谈业务、听取意见时	耐心仔细倾听客户讲述，态度要沉稳，客户不善表达或滔滔不绝时，要善于把握时机，自然引导话题，使谈话效率提高	诚恳、耐心、有修养、机智、不随意打断客户发言

续表

序号	动作环境	动作内容	动作要求
9	遇到客户挑剔甚至无理取闹	保持冷静,先仔细听客户陈述再分析其意图,抓住时机针对其要害婉转陈述自己的理由、原因,但不能直接批评客户。处理不了的交给上级	态度要冷静、大度、机智,不要正面交锋,坚持"客户永远是对的"原则,不允许与客户发生正面争执
10	当客户来公司投诉时	首先要以欢迎姿态把客户请进办公室单独交流,以免造成不良影响。冷静仔细地听取投诉,能当时解决的应尽量解决,不能解决的要明确答复的期限,不得含糊	不卑不亢,既有妥协又要坚持原则,答复与承诺要谨慎,维护企业利益但不得罪客户
11	当客户接车离厂（或来访、投诉后离厂）时	主动送客户上车离厂,或送至门口致意:"谢谢光临,欢迎再来!"或握手道别	热情、友好、诚恳,坚持一贯友好的形象

附录二

售后服务常见问题应答话术

1. 技术类问题

问1 我的车最近油耗为什么这么高?

答:这可能是您的车燃油系统需要清洗了。如果长时间不清洗油路,会有喷油器雾化不良的现象,影响油耗。请让我们的技师为您清洗一下,顺便也检查一下其他影响油耗的因素,如火花塞、胎压等。

问2 发动机故障灯亮了,还可不可以继续行驶?

答:发动机故障灯亮,说明你的车辆有故障出现了。如果正在行驶过程中,不必惊慌,你观察一下水温表指示是否正常,感觉一下发动机运行状况怎么样。如果水温正常、发动机工作无明显异常,将车辆开到最近的服务站检查维修,防止长时间带病行驶对车辆造成不良影响,行车中注意不宜高速;如果水温高或者发动机有异响,请就近停车,我们会去救援。

问3 买车时你们说耗油量是 6.2L/100km,而实际上在市内却要耗油 12L/100km,这是正常的吗?

答:6.2L/100km 是车速为 90km/h 时的经济耗油量,它是反映车辆性能的一个参数。实际耗油量受很多因素影响,如车速、驾驶习惯、载重、风速、道路状况等,市内行车是要远大于 6.2L/100km 经济油耗。刚才给您检测了一下,车辆一切正常,建议您以 90km/h 的车速测试一下。

问4 为什么我刚买的新车油耗这么大?

答:油耗大小是由多方面因素来决定的。如环境路况、使用条件、驾驶习惯等因素。还有,新车各零件在磨合期,也会影响油耗,过完磨合期后,油耗会下降,你可以放心使用。

问5 车辆行驶 50 000km 后,怠速抖动,有时熄火。

答:产生这种故障现象有多种原因。先让我们专业的维修技师检查一下,再做判断。请您稍等!

错误应答:由于空气滤清器没有及时更换或清洗,造成进气压力传感器脏污,ECU

检测信号不准确所致。

点评：对于此类故障,形成的原因有多种可能。如此简单判断,过于武断,应先进行初步检查再下类似结论。

问6　车辆刚才还开得好好的,放了一会儿怎么就不能正常着车了?

答：(此类故障没有唯一准确答案,须进一步询问客户,以初步确定故障范围)重新启动时,起动机能转动吗?

(能转动)点火、燃油系统有故障。

(不能转动)电瓶、起动电路、防盗系统有故障。

点评：导致故障发生的因素较多,需要进一步问诊,不宜直接简单答复。

问7　我的车动力性不好,提速缓慢,请问是什么原因?

答：影响车辆动力性的原因很多,如油路积碳堵塞、火花塞污染等都会导致车辆的动力性下降、油耗增加。具体的故障原因,需要做一个详细的检查来确定。

问8　为什么轮胎会起包?

答：轮胎起包现象多是由于使用中受到较大的外力冲击,造成胎壁帘布层局部断线后形成的,如车辆过沟坎或减速带时没有及时减速、上马路牙子、轮胎侧面剐蹭、挤压等都会造成轮胎起包。建议驾驶过程中过沟坎或减速带时及时减速、注意不要让轮胎的侧面发生挤压剐蹭,如果轮胎鼓包一定要及早更换轮胎,否则在行车过程中易出现爆胎的危险。

问9　为什么刹车时有吱吱异响出现?

答：请不要着急,我会安排技师检查问题出在哪里。根据我的经验判断,可能您的车刹车片磨损到极限了,从而导致报警声响。提醒您该更换刹车片了。

问10　轮胎磨损到什么程度要更换?

答：在轮胎上有一个标记(可为用户指明),当磨到它时就建议更换。

问11　轮胎一般可以用多久?

答：正常情况下,大多数车子轮胎可以使用 50 000～100 000km,轮胎的寿命跟驾驶习惯、车辆行驶的路况、车辆的保养情况有非常大的关系,路况好、驾驶平顺、定期对轮胎保养可以延长轮胎使用寿命,反之会缩短轮胎的使用寿命。

问12　轮胎为什么要定期换位?

答：轮胎定期换位可以使四只轮胎磨损均匀,延长轮胎的使用寿命。

问13　为什么轮胎磨损快,噪声大?

答：轮胎的磨损是根据行驶的路况以及驾驶习惯决定的,建议您驾驶时尽量减少急起步或急刹车;另外,及时对轮胎进行保养,保持轮胎的正常气压等可适当延长轮胎的使用年限。车辆在正常行驶过程中都会产生轮胎与地面接触的声音,如果轮胎滚动产生的噪声比以前加大,可能是轮胎磨损造成,建议及时到服务站检查,并及时定期对轮胎进行保养。

问14　我的轮胎怎么这么扁啊,是不是缺气啊?

答：(测量一下轮胎的气压,如果在标准范围内,可能是用户将自己车辆所配备的扁平度较高的轮胎与别的轮胎对比认为自己的轮胎较扁。)由于现在轿车上大多采用扁平度很高的轮胎,它从外表看比较扁,但大大提高了轮胎的抓地性能,并提高了汽车的稳定性。

问 15　为什么我的轮胎换位过后噪声比以前大?

答:轮胎换位前,由于车轮在固定的位置长期行驶过程中已经磨合,当车轮换位后因位置发生变化,轮胎在新的位置与地面接触的区域可能发生了一定的变化,因此声音可能比原来稍大一些,行驶一段时间就会好了。

问 16　用免维护蓄电池有什么优点?

答:免维护蓄电池和普通蓄电池两者在性能上没有任何差异,但保养方便,这种电池的使用寿命长。

问 17　蓄电池寿命是多久?

答:蓄电池的寿命一般是 2 年,如果注意平时的维护使用寿命会延长一些,到 2 年的时候服务站是会提醒用户及时更换电瓶的。

问 18　感觉驾驶室内空气不如以前新鲜,为什么有异味?

答:这是空调滤芯脏了,更换新滤芯即可。

问 19　最近空调出风量不大,是怎么回事?

答:可能是您的车空调滤芯使用时间长了,灰尘过多,造成滤芯堵塞了。建议来店检查清理空调滤芯,如果想达到更好的效果,更换一下滤芯就可以了。

问 20　我的点烟器怎么不能用呢?

答:有可能是点烟器保险丝烧坏了,您是不是用过车载用电器,建议您使用车载用电器时,注意功率与点烟器大致相同。

问 21　刹车片能用多久?刹车片一般多少千米更换?

答:正常行驶的情况下,前制动片寿命为 20 000～40 000km,后制动片的使用寿命为 60 000～100 000km。

刹车片的使用寿命主要与个人的驾驶习惯和车辆行驶路况有很大关系。如长期在城市道路上行驶的汽车,其刹车片的更换周期明显比长期在高速公路上行驶的车辆短;在山路上行驶的比在平路上行驶的短;紧急制动和长时间制动也会造成更换周期缩短。

问 22　我的车刚买没多久,今天发现坐在车内开不了后门,是不是坏了?后边车门从里面打不开,是不是门锁坏了?

答:您先别着急,这不是门锁坏了,可能是在上下车时不注意将儿童锁锁上了。儿童锁是防止坐在后座的儿童在汽车行驶时开启车门发生意外的安全保护措施。只要将开关往下拨,解除儿童锁就可以从车内开门了。

问 23　为什么我的车子左前门处有异响?

答:您好,您是在什么样的路况下行驶车子有异响?最好能麻烦您到我们服务站来,让我们的技师仔细检查一下。

问 24　我不小心划伤了车,请问怎么补救?

答:如果划伤没有露出底漆,可以抛光处理,如果划伤比较深,可能要喷漆了。如果你的车有保险,可以走保险,这样可以降低你的费用。方便的时候来服务站,我们为您的车检查一下,好吗?

问 25　今天开车忘记松手刹了,开了近 20 分钟,对车子有影响吗?

答:这要看您当时的车速与拉手刹的力度,如果后轮刹车片冒烟,刹车盘变蓝色,就需要到我们服务站将后轮刹车盘用砂纸打磨一下,如果车速不是很快,刹车盘也没有变色一般是没有问题的。

问26　为什么刹车片会磨损?

答:制动系统是通过刹车片对刹车盘之间的摩擦实现车辆的减速和停止,在制动过程中,刹车片不可避免地要磨损。

问27　刹车片开始报警后还可以行驶吗?

答:汽车刹车片如果开始报警,最好及时更换。

问28　为什么前制动片磨得这么快,后制动片磨得慢?

答:刹车片的磨损快慢,一般和它使用频率及刹车片受力大小有关。同一辆车的前后刹车片使用频率几乎一致,但前后刹车片受力或者说对车轮实施的制动力是不同的,前轮驱动的车,前部载重量比后部大,前刹车片实施的制动力大于后制动片,所以磨损得相对较快。

问29　什么情况下需要更换雨刮片?

答:雨刮片是一种易耗件,经过雨淋日晒、冷热变化会使雨刮片的橡胶等老化,同时在挡风玻璃上灰尘较多、未使用专用洗窗液的情况下使用雨刮器,也会加速雨刮片的磨损。磨损后玻璃就刮洗不干净,这时就需要更换。

问30　为什么要定期清洗节气门体?

答:发动机工作过程中,节气门体处会有燃油蒸气、空气中的灰尘等混合物,熄火后,混合物便吸附在节气门周围,就是常说的积碳,冷车后其中的胶质便固化,导致节气门脏污。节气门积炭可能会造成急速不稳、不易起动、发动机容易熄火等不良现象,因此应及时清洗节气门。

问31　为什么要更换机油?更换机油的好处?

答:机油在使用的过程中会变质,从而导致润滑、抗磨、冷却等性能下降。定期更换机油,可确保发动机内部的运动部件良好润滑,延长发动机的使用寿命,降低油耗,增加动力。

问32　多长时间换一次空气滤清器和空调滤清器?

答:空气滤油器可以过滤掉空气中的杂质和灰尘,保证清洁空气进入发动机,延长发动机的使用寿命。空气滤清器的保养要求每10 000km清洁,每20 000km更换。如果车辆的使用环境恶劣,如经常在风沙较大的地区行驶,或周围环境灰尘较多,建议缩短更换的周期。如果不及时清洁更换,会造成灰尘进入进气道,造成节气门发卡,行驶中突然熄火等不良现象。

问33　汽车为什么间隔20 000km或1年更换空调滤芯?

答:空调滤芯可过滤空气中的灰尘、异味等,保持车内的舒适环境。频繁使用空调,滤清器会堵塞,降低车内空气流动速度,室内产生异味。如是车辆的使用环境较恶劣,建议缩短更换的周期。

问34　如果水箱缺冷却液了,可以直接加自来水吗?

答:如果是缺少少量的冷却液,加蒸馏水(俗称熟水)。因为蒸馏水中无杂质,不会引起水垢,影响发动机热循环。自来水因含杂质较多,加自来水会产生水垢,容易引起堵塞,影响发动机正常工作。如果加的自来水量多,一定要及时更换成冷却液,否则可能不能起到防冻、防腐、降沸点的作用。

问 35　为什么要换火花塞？

答：因为在火花塞工作时,电极之间产生火花,长时间会使电极间隙增大（不可逆转),影响点火性能,所以要定期更换。

问 36　我的车最近开着怎么怠速开始不稳了？是不是你们没有给我保养好啊？

答：促使车辆出现怠速不稳的因素有很多,但一般常见的都是由于燃油的品质和用车环境等问题引起的燃油系统积碳问题。建议您先过来由我们的专业人员检查一下,如果确实是由于燃油系统积碳引起的问题请您不要担心,这只是一个小问题,我们这里有原厂的清洗养护解决方案,对于您这样的情况只要及时处理并定期养护就可以避免。

2. 业务类问题

问 1　人家好多车都提供多次免费保养,而你们怎么才提供一次啊？

答：的确有部分车型送 2～4 次保养,实际上是将 2～4 次保养的成本包含在新车销售价格里了,对客户来说是一样的。

问 2　我没有带保养手册,可以做保养吗？

答：可以,我们这里有维修档案记录。但是请您下次携带,以方便您在外地 4S 站做保养。

问 3　我要去店里做首保,都需要带什么？

答：带您的行驶证和保修保养手册,还有首次保养免费保养凭证就可以了。

问 4　我可以在其他的维修厂进行保养吗？我不到你们站作保养,出现质量问题是否能提供免费服务？

答：保修期内您不可以在外面做保养,如果您在 4S 店的维修保养记录不全,您的爱车将失去享受保修的权利。

问 5　连配件都没有,还是什么的 4S 店？怎么这样的配件都没有备呢？

答：很抱歉,因为这个配件不属常用件,我们会尽快给您订货,同时我们已记录您所需的配件,等配件到货后立即通知您前来更换。不好意思！

（如果预约有帮助的话）

希望你下次能提前预约,我们可以根据情况提前为你准备好配件,节省您的时间。

问 6　我可以到车间看着进行维修吗？

答：可以。欢迎您到我们车间参观,但要注意自身安全,不要到举升架下面去。请您参观时尽量不要妨碍正在作业的技师,感谢您对我们的车间作业提出宝贵建议。

问 7　你们的配件怎么这么贵啊？

答：首先,我们的备件用的是原厂纯正配件,质量有保证,备件价格是全国统一的,您可以在其他服务网点查询每个备件的价格。其次,更换后的配件还有质量保修,这里更换的配件有 1 年或 100 000km 的保修期。优质的配件可以延长整车的使用寿命,保证您的行车安全。

问 8　保养就是更换机油、机滤,费用为何这样高呢？你们的保养费用太高了,比外面修理厂高多了！

答：4S店为用户车辆保养提供专业的技术人员、配套的设备、原厂备件，是优质、安全的保证；费用也是在厂家指导下制定的，更换机油、机滤只是我们保养的一部分，我们按照厂家要求还为您提供多项的其他检测项目，包括……为您的爱车提供全方位的、细致的检测，使您用车安全、放心。

问9　老客户给打个折扣吧？

答：我们会根据您来我们服务站的次数区分您的会员级别，给予不同程度的优惠，您可以放心。像您这样的老用户是肯定有优惠的。

问10　为什么每次保养的价格都不一样？

答：尽管每次保养所检查的项目都是差不多少的，但是根据您车辆的状况不同，因磨损需要更换的项目也有所不同，因此每次的保养费用很有可能存在不同。

问11　每次来保养等候的时间都很长！做保养这么慢，都等很长时间了！

答：（针对作业内容的说明）

车辆的保养不是简单换油，还要对整车进行全面检查，我们提供的保养也是全方位的，而且要按照严格的作业流程，因此花费的时间相对要多一点，请您理解。

（补充说明）

我们有预约服务，如果您计划保养的前一天来电话预约一下，我们会提前为您安排好，会节省您的时间。

问12　用户询问到你不知道的问题时。

答：实在是不好意思，因为您问的问题我是第一次遇到，所以我也不太清楚，请您稍等，我帮您问一下专家。